DIMENSIONES DEL LIDERAZGO

FILOSOFÍA SOBRE EL LIDERAZGO ESTRATÉGICO
Y HUMANO

MELQUISEDEC GONZÁLEZ DÁVILA

GONZÁLEZ DÁVILA

Este trabajo es dedicado a

mi hermano Abel,
no es necesario decir más

mi mentor y maestro,
ejemplificación de liderazgo
mi amigo Bill.

No tengas miedo, se valiente, persevera y ve siempre adelante.

Ama sin medidas, ríe sin motivos, arriesgarte a todo y da todo de ti con alegría.

No aspires a simplemente ganarte la vida, obtener bienes y crear un nombre.

Aspira a edificar almas, trascender en tus obras y ser voz para los que no la tienen.

No estamos aquí seres corpóreos dotados de un espíritu morando en este mundo.

Somos seres espirituales dentro de un cuerpo viviendo una experiencia física.

Que cada acto sea una marca de tu carácter, y que tu carácter sea una marca que ilumine la historia de la humanidad.

— MELQUI

INTRODUCCIÓN

El presente libro tiene por objetivo ofrecer al lector una breve reflexión sobre un tema que ha tenido mucha popularidad en la última década. Mucho se ha escrito sobre el liderazgo, y cabe notar el creciente número de personas que aspiran como meta ideal la independencia empresarial con la cual puedan ejercer un liderazgo, cuyo único fin es el de actuar como ellos deseen, sin restricciones.

Sin ánimo de crítica a esta emergente manera de pensar, esta obra se basa en lo que a mi entender es la raíz y la esencia del liderazgo. Luego de mucha observación y reflexión sobre los líderes, tanto en el renglón de los independientes que antes mencioné, como el de los jefes de organizaciones, percibí una brecha por cubrir.

Existe un área de oportunidad, para el cual las tendencias recientes sobre el liderazgo no se han dirigido. Los adiestramientos, escritos y formulaciones de como ser un líder, junto con el ejercicio de ello está careciendo en muchos casos de un ingrediente fundamental, *la humanidad*.

He denominado este tipo de liderazgo como *liderazgo humanista*. A través del escrito podrán descubrir cual es mi perspectiva al respecto y porque entiendo que las razones para las personas anhelar liderar no forman parte de mi filosofía sobre el tema.

Entiendo que la base del liderazgo no debe nacer del deseo de ser un gran líder para poder llevar a cabo los anhelos particulares según sus caprichos. Mucho menos poner el convertirse en un líder como parte de sus criterios por cubrir en el proceso de logros profesionales o personales, como un *check mark* al cual completar A mi entender este último no es más que una de las manifestaciones de la exaltación del ego. El liderazgo no trabaja con estadísticas o desempeño de ejecución, se es responsable de vidas, las cuales cada una esta compuesta de familias, sueños, esperanzas, sufrimientos, valores, en fin, la vida misma.

¿Quieres influenciar a los demás? Interésate genuinamente en ellos. ¿Quieres que los demás te sigan? Cuida de sus sueños. ¿Quieres reconocimiento? Conoce en lo profundo de cada uno de ellos. ¿Quieres ser respetado? Ama incondicionalmente a todos como son, no como deseas que fueran. ¿Quieres ser un líder? El primer paso es dejar de anhelarlo.

Estructura del libro

El Libro está dividido en tres partes. La primera trata sobre los conceptos filosóficos y generales del liderazgo. La segunda presenta un despliegue teórico sobre el tema, explicando un poco de literatura relacionada a las dimensiones del liderazgo. La última parte contiene las reflexiones y conclusiones del autor.

La razón por la que he decidido dividir el libro de esa manera , es para brindarle un mejor aprovechamiento al lector. La redacción de los capítulos esta hecha de manera tal que cada uno es como un libro en sí mismo, teniendo como propósito que si solo se leyera uno de estos, tiene su presentación de un tema, el desarrollo del mismo y la instrucción que se pretende transmitir. Volviendo a lo referente a las partes del libro, conociendo cuán poco llamativo puede ser para algunas personas la lectura técnica, explicativa o histórica, el lector muy bien puede leer la primera parte para conocer sobre los fundamentos del liderazgo y la última parte para capturar su aplicación según las circunstancias particulares.

Capítulo 1

El principio fundamental sobre el liderazgo, el conocer que debes convertirte en esa persona que emularías para así persistir en tus metas y ser fiel a tus valores.

Capítulo 2

Hay ciertos indicadores que nos sirven como faros para nuestro comportamiento como líderes. Conociendo ciertas indicaciones podemos tener un panorama más claro en como se lidera estratégicamente. Con esto se presenta una breve guía de aquellas actitudes que debemos monitorear constantemente en el transcurso de nuestro liderazgo.

Capítulo 3

¿Qué es lo que nace dentro de una persona que le causa el deseo de ser líder para otros? ¿Es un deseo de reconocimiento? ¿Es una manera de trabajar con sus inseguridades o insatisfacciones? ¿Es un deseo genuino de servir a los demás y ser puente de edificación para sus proyectos?

Capítulo 4

Muchas personas piensan que el liderazgo es blanco y negro, cuando en realidad es como un arcoíris. Cuando se trata con personas, se trabaja con una variedad infinita de personalidades, valores, experiencias, preferencias, y cada una de ellas puede ser diferente según las circunstancias. Lo que da resultados en una situación hoy no necesariamente dará resultados mañana. De eso se trata estar consciente de que el liderazgo es dinámico.

Capítulo 5

Las estructuras jerárquicas y los jefes clásicos embriagados de su posición es una de las mayores causas para la frustración de muchas personas. No solo limita la libertad para emplear la creatividad sino también se interpone al proceso de integración de los miembros de una organización. Sin sentirse relevantes y con la capacidad de contribuir a los resultados del equipo, las personas pierden el sentido de pertenencia, y algunos jefes no permiten ni tan siquiera que este proceso comience. Sea por inseguridades o por falta de conocimiento, el jefe autoritario puede convertirse en piedra de tropiezo para el desarrollo de los demás.

No podemos dar de lo que no tenemos. El líder se preocupa por nutrirse con conocimiento nuevo constantemente y procura cada día ser mejor persona revaluando sus valores y sentimientos. Si el líder no pasa por el proceso de aprendizaje, su capacidad de liderazgo tarde o temprano caducará. Este capitulo hablará sobre estos temas y cual es su relevancia para las generaciones emergentes.

Capítulo 6

La comunicación forma parte de las dimensiones del liderazgo. No basta con adquirir el conocimiento, contar con los más altos valores y la motivación correcta si todo eso no se puede transmitir efectivamente. Cuando falta la comunicación efectiva, es muy probable que el liderazgo no llegue a alcanzar su máxima expresión.

Capítulo 7

La dimensión de la madurez emocional es una que por fortuna ha tomado relevancia en el siglo XXI. La madurez emocional es requerida para poder crear un ambiente saludable para el equipo. De la misma forma es necesaria para poder planificar y ejecutar efectivamente ante los retos internos y externos a la organización. Permite al líder llevar a cabo sus funciones de la manera más objetiva y justa posible, donde no toman un papel principal en su ejecución las emociones particulares ni los prejuicios.

Capítulo 8

Motivación: Cosa que anima a una persona a actuar o realizar algo. Esta definición indudablemente nos lleva a pensar en ser un ente que transmita alegría y sentimientos parecidos, que promueva un ambiente en el cual las personas se sientan a gusto. Aunque esto puede muy bien estar incluido en la motivación, la realidad es que en cuanto al liderazgo, la motivación va mucho más allá. El líder debe ser capaz de provocar el deseo en las personas para realizar sus objetivos y las metas comunes aún cuando no se siente "bonito" o en medio de circunstancias difíciles. Como se dice popularmente, "ahí es donde el líder se crece". La motivación es por ende uno de los pilares para el liderazgo y desde esa premisa se comparten las teorías fundamentales de motivación para ayudarle a entender el por qué de la motivación. No basta solo buscar ese sentimiento o satisfacción sino saber cual es el idóneo.

Capítulo 9

Durante todas las décadas en que se ha desarrollado el tema del liderazgo por diferentes pensadores, han existido decenas de teorías y definiciones sobre el tema. La realidad que el estilo de vida actual a nivel global ha provocado la definición de nuevas teorías y el olvido de muchas otras. Dentro de todas ellas, ¿Cuales guardan relevancia aún hoy día? Esa es la intención de este capitulo, mencionar cuales tipos de liderazgo son los más utilizados en estos momentos y como usted puede complementarlo con los estilos que ya utiliza.

Capítulo 10

Un capítulo que aunque un poco denso y con información no tan popular dentro de los escritos sobre el liderazgo, me ha parecido necesaria incorporarla en un libro que esté basado en la filosofía de las dimensiones del liderazgo. La idea no es desviar el enfoque del tema principal del liderazgo y mucho menos perder el interés de usted como lector sobre el tema del liderazgo. Lo que sí se intenta es brindar una serie de conocimientos que van más allá de la motivación y misión de un líder, brindándole un panorama general de otras áreas y disciplinas que lo afecta a usted y su organización de una manera u otra. Un líder debe tener un conocimiento holístico e integral que le permita prever posibles eventualidades, planificar tanto productivamente como con contención, en fin, planificar hoy los resultados del mañana, contando con lo interno de la organización pero contando con los factores externos

Capítulo 11

Se presentan cinco principios fundamentales para llevar una vida de liderazgo humanista y estratégico en cada acción que tomemos. Estos principios sirven como base para construir cada uno su metodología de como ejemplificar su liderazgo. El carácter de ese liderazgo debe ser siempre uno orgánico, partiendo desde las circunstancias actuales y continuando con el aprendizaje de los resultados que se van logrando según progresa nuestro actuar.

1

TÚ ERES TU PRIMER LÍDER

"No vayas donde guía el camino. Ve donde no hay camino
y deja huella"
- Ralph Waldo Emerson

AQUEL QUE ES capaz de mantener el control de sus pasiones se
convierte en el líder de su destino. Muchas veces pensamos que
la libertad la encontramos cuando decidimos tomar decisiones
sobre el curso de nuestras vidas sin dejarnos dominar por
influencias externas. Este tipo de libertad, aunque real, no es una
libertad autónoma. La verdadera libertad yace en decidir voluntariamente hacer lo indefectible aún cuando nuestro interior
quiera impulsarnos a lo contrario. Dominar los impulsos son
propuestos como mandatos por el estado de ánimo que se tenga
en cierto momento, controlar el brote de emociones que muchas
veces opuestas se interponen a los objetivos, mantener una
postura imparcial para con todo tipo de personalidad, ver con
mirada objetiva las situaciones de la vida, tener un pensamiento
crítico al evaluar alternativas y tomar medidas correctivas desde
la empatía, son algunas de las manifestaciones del liderazgo.

Cuando esto se hace, estas dirigiendo las diferentes dimensiones del yo, y eso querido lector es siempre una tarea ardua y una batalla que no siempre ganamos.

Un líder comienza su peregrinar cuando adquiere una visión, la cual es el resultado de explorar en lo profundo de sus anhelos y sentimientos.[1] El concepto popular que existe de lo que es liderazgo se encuentra entre dos perspectivas, el concepto antiguo de lo que representaba ser un jefe autocrático y los conceptos más recientes donde se ha elaborado todo un andamiaje que sirve más para los egos que para el liderato en sí. Claro que existen estudios en la materia tales como este libro, pero la realidad es que al final, cada individuo debe encontrar su propio estilo de liderazgo, cuya base sean sus propias capacidades y cualidades para ser de servicio desde las necesidades de las personas a las que se lidera. Por eso, hablarse de definiciones definitivas o de estructuras rígidas sobre el liderazgo a mi entender, carece de total responsabilidad.

La motivación que nace dentro

La motivación debe nacer de ti en respuesta de lo que se percibe del entorno. La semilla para la creación es el deseo, con la creación se pone en marcha los planes de desarrollo, y con el desarrollo se comienza a construir un carácter. Este carácter debe estar apoyado en la *justicia*, la *responsabilidad* y el *compromiso*. Una vez comienzas a liderar a las personas te conviertes en un punto de apoyo para ellas. Es importante que tus seguidores sepan quien es el que va a dirigirlos cada día, que tus intenciones y tu personalidad sean transparentes para todos. No hay nada más desalentador que tener un auto llamado "jefe" que actúe de una manera el día de hoy pero mañana actúe y piense como una persona totalmente distinta, como un verdadero desconocido.

El conocimiento trae confianza. Las personas presentan aversión hacia las cosas desconocidas por el miedo de exponerse a la incertidumbre de las circunstancias e implicaciones negativas que esto pueda acarrear. Otras veces, interactúan con cierto grado de recelo con las personas que aún no conocen, como mecanismo de defensa proactiva que les permite no caer presa de cualquier mala intención del otro. Por eso el elemento de transparencia basada en el compromiso, justicia y responsabilidad es fundamental para establecer la confianza.

Recordemos que la confianza es la síntesis de todos los valores existentes en las relaciones personales. Por ejemplo, en mi caso como Scrum Master certificado, empleo los valores por los que me debo regir para llevar mis funciones según el modelo y así poder producir los resultados esperados. Los valores del modelo que establecen Schwaber y Sutherland en la Guía de Scrum[2] son:

- Foco o enfoque: para lograr los objetivos propuestos por todo el equipo para un período de tiempo establecido
- Respeto: esencial para permitir a otros exponer sus ideas y sugerencias, también para que acojan las nuestras. Es un respeto basado en el reconocimiento de las capacidades del otro, para aceptar positivamente sus sugerencias comprendiendo que ningún integrante del grupo es más importante que el resto. Entrar en esta conciencia trae consigo un beneficio para todos, aprendiendo cada uno del otro. Es importante poder separar el individuo de su rol de trabajo en el equipo, enfocándose en el compañerismo y la confianza del equipo.
- Coraje: suficiente para estar dispuesto a salir de los moldes establecidos cuando se es necesario o para mantenerse firme cuando es momento de no hacer cambios. Coraje para ser fiel a la visión, misión y los valores de la organización.
- Compromiso: de hacer lo que te comprometiste a hacer. Simplemente, cumplir con tu palabra. Dicen que

antes la palabra era todo lo que se tenía y que esta era
suficiente. Hoy parece muchas veces que esos tiempos
han quedado en el olvido.

- Apertura: como he mencionado antes, es ser
transparente, sincero y empático con cada individuo.
- Confianza.Según los creadores, cuando están todos
estos valores presentes en un equipo se produce la
confianza.

En la ausencia de consistencia de carácter por el líder, surge
ineludiblemente la falta de dirección. Donde no hay claridad y
consistencia de criterios es muy difícil que exista un norte al cual
pueda remar el equipo al unísono. Es esta falta de consistencia
otro catalizador para que se pierda la confianza en el líder.
Siempre se requiere un mínimo de capacidad intelectual y personal, pero la honestidad es imprescindible".[3]

También existe otro elemento que fomenta la confianza en
cuanto a lo que la relación líder-equipo concierne. Aquellos
líderes que interesen construir relaciones profundas con su
seguidores, primeramente deben provocar que tengan confianza
en ellos mismo antes de pedirles la confianza en el líder. ¿Cómo
le hace? Delegando responsabilidades y haciéndolos participes
en la toma de decisiones sobre las tareas a realizarse por la
unidad.[4]

El origen de un líder

¿Por donde le entra el agua al coco? ¿Qué vino primero, el huevo
o la gallina? Esos dilemas clásicos que forman parte del *folklore*
en distintas tradiciones culturales, son iguales a hacernos la
pregunta ¿El líder nace o se hace? A ver, ¿qué cree usted? Independientemente de cual de las dos aparece primero, lo que es
innegable es que el liderazgo es un mosaico cuya composición se
origina desde el comienzo de nuestras vidas, y son características tanto intrínsecas como extrínsecas al sujeto. Mi entendi-

miento sobre el tema es que la construcción de esos paradigmas referentes al liderazgo se comienza a partir del momento que comenzamos a recibir estímulos del entorno. Estos estímulos aparecen en la forma de enseñanzas mediante el modelaje de quienes fueron los responsables de instruirnos en esas primeras etapas de vida, las costumbres socio-culturales a las que nos adherimos voluntaria e involuntaria, y por último como producto de nuestras idea, las cuales fuimos formando en respuesta de las experiencias vividas. Por lo tanto, decir que un líder nace parece una conjetura muy poco probable, porque si tomamos la premisa de que esto fuera cierto, la presencia del liderazgo innato solo puede ser un liderazgo en potencia. Ese tipo de liderazgo catalogado como innato, por sí mismo no puede desarrollarse hasta alcanzar su máxima expresión. Sólo mediante la propia identificación del mismo, alimentándolo con el conocimiento propio y trabajando para refinar su efectividad, es que tal liderazgo potencial llega a convertirse en un liderazgo en función.

¿Entonces quiere esto decir que solo se puede hacer al líder? Bajo un contexto exclusivo de esta idea, también se debe decir que no es suficiente con hacer un líder. Para querer ser un líder, tiene que primeramente existir unas razones que estén alimentando ese deseo de liderazgo. También es necesario canalizar todos los factores externos al individuo, los cuales fueron mencionados, para comenzar el proceso analítico de lo que es el liderazgo, bajo una discriminación entre mis características particulares como individuo y las características propias del verdadero liderazgo. En otras palabras, necesito contar con un conocimiento previo, ideas establecidas y experiencias de vida, para ser utilizadas como marco de referencia y punto de inicio, permitiéndonos identificar cuales áreas son las que se deben trabajar.

El papel de las construcciones mentales

La mentalidad de una persona tiene un papel fundamental en el alcance y la efectividad del liderazgo. Claramente lo expresa Peter Senge en su libro La Quinta Disciplina, indicando que muchas de las buenas ideas no logran concretizarse por la presencia de modelos mentales limitantes.[5] Esto es contrario a lo que se suele pensar, que su causa sería la falta de utilidad de las ideas, o por ausencia de voluntad y disposición por parte de quienes las llevan. Por eso es imprescindible que los líderes tomen consciencia sobre el efecto real que tienen las construcciones mentales, que llamaremos para propósitos de este libro, paradigmas.

Los paradigmas son esos conceptos mentales que definen gran parte de nuestro pensar y de nuestro comportamiento. La mayoría de estos conceptos han sido formados de manera inconsciente, entiéndase que no contábamos con la capacidad de aceptarlos o rechazarlos, y fueron grabados en nuestro pensamiento subconsciente sin mayor resistencia. Y son los paradigmas de esos pocos primeros años de vida que más peso tienen en los muchos años de vida posteriores, a menos que se tome conciencia de ello. Un vez se logra tomar conciencia, se puede comenzar con identificar cuales pensamientos me hacen bien y cuales son destructivos, cuales ideas son bien infundadas y cuales carecen de justificación, cuales me permiten progresar y cuales me mantienen estancado.

2

CARACTERÍSTICAS PARA FORMAR TU PROPIO CARÁCTER COMO LÍDER

"Una persona comienza a vivir por primera vez cuando puede vivir fuera de sí misma"

- Albert Einstein

PARA QUE UNA SOCIEDAD FUNCIONE, esta debe estar conformada por individuos motivados a alcanzar un bien mayor. El ser humano es una especie que se mueve al conjunto, aún aquellos que puedan exhibir las características individualistas más marcadas. El ser humano ha evolucionado a través de los tiempos permaneciendo como un conjunto de individualidades.[1] Este conjunto se ha formado por personas quienes comparten en común intereses, necesidades y valores.[2] Desde los comienzos esto se ha conocido como sociedad, de hecho, así surgieron las primeras organizaciones de trabajo sujetas a distribuir funciones, como estructuras establecidas para cumplir fines específicos.[3] Pero, ¿cómo logramos conseguir esto?

¿Qué hace que uno quiera ser mejor?

La respuesta es muy sencilla: un propósito. Todos tenemos un propósito, solo que algunos no están lo suficientemente encaminados como para descubrir cuál es el suyo, o no saben cómo alcanzarlo. Encaminar a otros es precisamente lo que los líderes están llamados a hacer, y si bien los resultados positivos a los que aspiran terminan siendo gratificantes, alcanzar esto no es un trabajo fácil.

Tanto la *comunicación* como la *honradez*, son condiciones excepcionales a destacarse en un líder. Deben saber transmitir sus ideas de una manera clara y atractiva, sin dejar de ser ejemplo de lo que sostienen. Motivar al otro es la clave, y todos deberíamos aspirar a ser ese modelo.

A veces no alcanza con ser un buen jefe. Una sociedad necesita líderes que sepan guiar, y que ayuden a todas las personas que la conforman a desarrollar su potencial al máximo. Se necesita un futuro asegurado, buen asesoramiento, y promoción de relaciones exitosas. Liderar implica un arduo trabajo, pero con las herramientas necesarias y el buen uso de ellas, todos tenemos la posibilidad de hacerlo de una manera eficaz y, ¿por qué no grata?

Como ya vimos, los líderes nacen y se desarrollan, pero también se reinventan constantemente. Tener habilidades natas es importante, así como desarrollarlas, contribuyendo a lograr los resultados esperado. En este trabajo se verá como una de las dimensiones del liderazgo es el dinamismo, lo cual implica que ser líder no es un estado en el que se llega una sola vez y para siempre. A continuación se presentan unos puntos a manera de guía práctica sobre cómo formar a un futuro líder.

10 características que deben evaluarse en el liderazgo

Autosugestión

La autogestión en un sistema organizacional, descibre un

ambiente en donde las personas que conforman una empresa, son las mismas que lo administran. Estos trabajadores son hábiles para tomar decisiones y estar a cargo al mismo tiempo. Saber organizarse es lo primero a tener en cuenta, ya que nuestro trabajo será guiar a los demás. Si no sabemos escoger el camino adecuado para nosotros, ¿cómo lo haremos con las personas que pensamos tener a cargo?

El primer paso debe ser aprender a priorizar metas y tener consistencia para lograr nuestros objetivos. Para esto, el autocontrol y la inteligencia emocional son esenciales para lograr equilibrar la vida profesional con la personal. Si bien la disciplina y la prudencia no deben faltar, no debemos caer en el exceso de escrúpulos y en el agobio de exigir demasiado de nosotros mismo. Estar comprometidos con nuestro trabajo no significa perder nuestro lado más humano, ese es el arte de la flexibilidad en la búsqueda de ese equilibrio.

Perspectiva

Tener una mirada hacia el futuro es lo que nos permitirá abrir las puertas que tenemos en frente. Estamos hablando de un enfoque, de una mente abierta a lo contemporáneo, que abarque todas las posibilidades. Es necesario estar preparados para un ajuste de estrategias ante nuevos desafíos. Tener segundas opciones, y más de una sola respuesta.

Hay que pensar de manera estratégica, y para ello hay que observar más allá de lo que tenemos en frente. Debemos considerar las situaciones de todos los que nos rodean, y mantener siempre una mirada positiva ante los retos que se nos presentan. Todo líder excepcional es capaz de analizar el futuro de su organización. Tienen confianza en sí, y son entusiastas tanto con ellos mismos, como con los demás.

Para lograr una buena perspectiva, hay que ser visionario, y esto significa tener en cuenta la época en la que vivimos. No porque algo funcionó décadas atrás, quiere decir que necesariamente funcionará en la actualidad. A veces, esto es lo más complicado, pero una visión estratégica nos permitirá alcanzar nuevos horizontes y ampliarnos. Todo se resume al futuro, y mientras más herramientas tengamos, más fácil será alcanzarlo.

Comunicación

El arte de hablar lo preciso y escuchar sin prejuicio es uno difícil de dominar pero una herramienta poderosa para la efectividad en el liderazgo. Todo líder sabe cómo, cuándo, y de qué hablar, así como consideran igual de importante escuchar lo que el otro tiene para decir, sin importar el momento o la persona, siempre mantiene abierto el canal de comunicación. La comunicación es vital, no solo en cuanto al momento de transmitir un mensaje, la manera de hacerlo es sumamente importante. Más adelante verá como el tono en la transmisión del mensaje puede bloquear el canal de transmisión o cambiar el sentido del mensaje que se desea transmitir.

Debemos ser exactos y concisos, siendo específicos para minimizar las posibilidades de confusión ante cualquier ambigüedad en la idea central del mensaje. Puede haber ocasiones en las que pensemos que estamos siendo claros, pero podemos equivocarnos, por eso es muy importante que el líder reciba la retroalimentación de quienes lidera. Esta retroalimentación le da un medida al líder de cual es la percepción de los demás, pero es muy importante no confundir esto con que el líder este requiriendo validación constante de ellos, esto sería más bien una señal de algún grado de inseguridad. Por eso es necesaria la comunicación y la respuesta del otro, que determinará cuán concretos somos, qué tan bien sabemos explicarnos.

Soluciones

Todo líder debe saber cómo actuar en respuesta ante un problema. Note que no se menciona que el líder siempre debe saber que hacer ante un problema, sino como responder. En otras palabras, tiene dominio propio y facultad para reconocer el grado de respuesta requerido según la particularidad de cada situación.

El primer cambio de paradigma por el que debe pasar un líder es cambiar la percepción ante estas situaciones, de manera que en vez de verlas como un problema, recibirlas como retos y oportunidades según sea el caso. Esto permitirá mayor disponibilidad en explorar alternativas para manejarlas, le permitirá poner en práctica el liderazgo motivacional, y provocará el crecimiento de su equipo al convertir esos retos en oportunidades para el aprendizaje.

Nuevamente, la capacidad de estabilidad emocional juega un papel fundamental, pues es una de las maneras para prepararnos ante cualquier inconveniente. Conocer nuestra inteligencia emocional nos permite escoger de que manera, desde nuestras cualidades y capacidades, podemos mantener la calma y organizar nuestras ideas ante dichas eventualidades.

La vida nos lo ha enseñado, ella es como un sorteo de altas y bajas, momentos buenos y otros no tan buenos, fracasos y triunfos, personas buenas y otros que nos pueden tratar de hacer la vida imposible. No podemos permitir decaernos ante cada inconveniente que se nos presente. Un obstáculo no nos impedirá llegar a nuestra meta a menos que no estemos dispuestos a seguir, y la mejor manera de hacerlo, es manteniendo la templanza y la cabeza en alto. Una clave para poder tener una actitud como esta es contar con una visión y una misión. Esto es sumamente importante por lo que lo volveré a repetir. Contar con un *propósito definido*, basado en una *visión* y una *misión* es la clave para sobreponernos ante los obstáculos que vienen con el paquete gratuito de la vida.

Ser un buen líder con el carácter intacto en una situación de alerta, es una característica vital para cualquier persona que quiera destacarse de manera positiva. La confianza no debería abandonar al líder. Para poder mantener esa confianza se necesita tener una actitud con coraje, una mente enfocada, vivir siempre respetando a todos por igual, comprometernos a dar lo mejor por el bien común y una apertura para ser transparente en nuestras intenciones con los demás.

Lo último que cabe señalar es otra herramienta para promover esa confianza en la *planificación*. Tener un plan estratégico nos permite sentir la confianza de que lo que hacemos tiene un propósito y que se cuenta con una metodología para hacerlo, lo cual ayuda a estar lo mejor preparado posible para solucionar las situaciones que se presentarán. Se podría decir que un líder no anda "dando golpes a ciegas", o vive su vida "apagando fuegos" en todo momento, recuerde muy bien eso.

Objetivo

Todo líder será capaz de dos cosas: alcanzar su objetivo, y que los otros lo logren junto a él. Un rasgo distintivo que debemos poseer, es saber dirigir a nuestros pares y aprendices. Debemos tomar responsabilidad y estimular a que todos consigan sus metas. Ser un buen líder va más allá del ámbito laboral. Un buen líder intenta día a día ser mejor persona para influir en un equipo de trabajo, y que todos tengan la misma oportunidad de desarrollarse.

No debemos perder de perspectiva, que aunque el mayor deseo del líder sea el mencionado, demostrar laxitud al momento de formar grandes personas no está en el manual de un buen líder. Recordemos, que nuestro compromiso es con los que se lidera y este rol conlleva una gran responsabilidad. El líder debe proveer lo mejor para ellos, y habrá ocasiones que esto no será lo que ellos deseen al momento, pero es lo pertinente.

Es sabernos mantener firmes y ser fieles a nuestras convicciones. Si no creemos en nosotros mismos, ¿cómo vamos a pretender que otros lo hagan? Hay que apasionarse y demostrarlo, ser el mejor ejemplo, y atraer. Si nos rendimos, es muy probable que el equipo se rompa y fracase, a menos que emerja otro líder que sin tener tal designación, ejerza su liderazgo. El liderazgo no equivale a posición. Es un conjunto de cualidades, características y destrezas, mas no es un título o dignación. El liderato como posición no da liderazgo, pero con liderazgo se puede mejorar el liderato de cualquier persona, tanto en el ámbito profesional como en las demás relaciones interpersonales.

¿Quieres tener éxito? No te rindas nunca, ni en los momentos más difíciles. No, ¡sobre todo en los momentos más difíciles! Esos son los momentos que marcarán tu vida. Que tocar fondo sirva de empujón. De lo más que se aprende es de los errores que cometemos ya que nadie nace con un manual de como vivir una vida con un 100% de aciertos.

Equipo

El resultado del trabajo en equipo será el reflejo más fiel de nuestras habilidades de liderazgo. Se trata de capacitar al máximo a quienes nos rodean, de sacar lo mejor de cada individuo. Para ello, debemos generar la confianza en uno como líder, en ellos mismos como integrantes fundamentales para el éxito del conjunto, y en la visión de la organización. La confianza es el elemento principal de un buen trabajo en equipo. Todos deben entenderse y saber cómo ayudarse mutuamente, estando siempre dispuestos a poner sus cualidades, experiencias y conocimientos al servicio de los demás. Tener objetivos en común entre compañeros será lo ideal, ya que irán hacia la misma dirección, y eso es lo que llamamos la misión del equipo.

Sobre el sentido de equipo, esto se logra por parte del líder cuando este involucra a todos en la organización y les abre las puertas para que se sientan en la libertad de hacer sus aportes. Dicha libertad provista por el líder le otorga a cada individuo el sentido de pertenencia, el cual fomenta la motivación y disminuye las posibilidad de abandono al equipo por parte de los integrantes. Esto será satisfactorio para todos y aumentará el interés de participación. Involucrar a los miembros de un equipo e impulsarlos a generar nuevas ideas es lo que marcará esa diferencia que formará el carácter del equipo, imprimiendo en él su marca distintiva del resto.

No todo será como lo idealicemos porque es inevitable que se presenten fricciones entre las diferentes personalidades y habrá disensión de criterios. Entonces el equipo se debe apalancar en el compromiso y la responsabilidad que deben ser infalibles. Si bien en un equipo no debemos fomentar la individualidad, cada uno deberá hacerse cargo de lo que le corresponde, de sus errores. Tal vez todos tengan ideas distintas, y eso será algo muy bueno. Debemos sacarle provecho a la diversidad, ya que aquí es donde nacerá la innovación. En la heterogeneidad de un grupo es donde encontraremos la verdadera creatividad.

Lo más importante de esto será el reconocimiento al final del recorrido. Debemos saber agradecer la predisposición de todos los que siempre estuvieron comprometidos, los que nunca nos abandonaron. Debemos celebrar el producto final, aplaudir a cada uno de los miembros del equipo. Si reclutamos a las personas adecuadas o si capacitamos a las personas reclutadas el éxito será inevitable.

Dinamismo

Un líder reconoce en la capacidad de adaptación a nuevas situaciones un área de oportunidad para el crecimiento personal. La curiosidad alimentará el conocimiento y generará más oportunidades exitosas porque es un estado de alerta en pos de descubrir nuevas y mejores maneras de hacer las cosas. Aprovechar las oportunidades emergentes en vez de enfrascarnos en la rigidez de nuestros esquemas preconcebidos nos permite mantener un liderazgo vigente, un liderazgo efectivo que se atempera a las evoluciones inevitables del tiempo. Un diseño organizacional estratégico y concreto nos permitirá responder oportunamente a los cambios que haya en el entorno, pero siempre permitiendo el espacio para el cambio cuando sea oportuno.

Relaciones Sólidas

Toda persona anhela sentirse valorado y querido, lo cual no es para menos. Cada individuo sin importar su trasfondo ni alguna otra condición externa, consta de la misma dignidad humana dada a todos por igual. Cuando se lidera con esta premisa en mente, se respeta y estima a todos por igual, y esta empatía y aprecio provocará la fidelidad de ellos para con el líder. Vea que he escrito para con el líder, no fidelidad por el puesto, o por el título o por el temor de perder su trabajo, ¡NO!

El amor y el respeto suscita la fidelidad al líder por lo que es como persona y no por lo que representa su posición.

Esto es muy importante que se tenga en cuenta. A veces, estando a la cabeza de un proyecto, nos olvidamos de que no somos los únicos allí, y desatendemos a los demás. Este desinterés no pasará por alto, y perderemos lo más valioso que tenemos de base: el equipo. Podemos estar al mando, pero sin este equipo no llegaremos muy lejos. Mostrándole devoción a cada uno, haciéndolo sentir realmente importante, estaremos ganando un amigo. Y aquí está el más poderoso secreto: *debemos interesarnos genuinamente en los demás.*

Aparentar no nos servirá de mucho. Ser amables es imprescindible para lograrlo. Para esto debemos evadir toda crítica que no sea constructiva, y aprender a elogiar los esfuerzos ajenos. Por supuesto que estos elogios deberán ser honestos, y está en nuestras manos enaltecer esas cualidades para motivarlos a continuar desarrollándolas. Algo clave para tener éxito en las relaciones sólidas, es algo tan sencillo como escuchar al otro, recordar su nombre y sus ideas, saber quiénes son. Que ellos sepan que les interesas porque al final del día desde el líder hasta el miembro del equipo más reciente, son iguales.

Dominio

No buscamos exclusivamente a personas que piensen igual que nosotros pero si que sus ideas tengan resonancia con las nuestras. El aporte de ideas nuevas siempre será bienvenido, pero no olvidaremos nunca nuestro objetivo principal. Hay ocasiones que se desea influenciar en las ideas que conciben los demás. Pero, ¿cómo hacerlo?

Algo muy útil, es atajar cualquier tipo de conflicto. Se ha utilizado el concepto de atajar porque no siempre es posible evitarlos, pero cuando no lo sea posible se deben atender de forma rápida y definitiva. El prolongar conflictos solo permitirá que se continúe acumulando incomodidad y con el tiempo si no se es atendido, puede resultar en un ambiente tóxico. Habrá momentos en los que deberemos mordernos la lengua para permitir que las cosas continúen su curso y en otros se deberá utilizar la misma lengua, pero solo para edificar y solucionar. La experiencia y el aprendizaje en el liderazgo nos dará la sabiduría para reconocer el cuando y el cómo. Recuerde que no siempre se puede decir todo lo que se piensa ni como se piensa.

Por último busquemos el dominio sobre nuestros egos. El respeto no puede faltar, así como la empatía. Por más que sea una tarea difícil, debemos aprender a ponernos en los zapatos de los otros, ver desde su perspectiva y reconocer cuando es el momento de aprender de nuestros errores y aprender de los demás. No hay nada malo en ello, lo malo es cuando se cree que ya no hay nada que se pueda aprender, en ese momento a caducado su liderazgo.

Predicar con el ejemplo

Cuando requerimos algo del otro, debemos dejar en claro que somos tan capaces como ellos de hacerlo. Por ejemplo: ser puntuales y humildes, estar comprometidos a un proyecto, tener tolerancia en situaciones extremas. Todo buen líder reconoce los méritos de las personas con las que trabaja. No nos apropiaremos del éxito de los demás, esto es un concepto básico de la integridad. Hay muchos líderes que les encanta el protagonismo, procuran que cada una de sus acciones sean vistas, y en ausencia de una audiencia sus acciones disminuyen considerablemente. Las buenas costumbres dejarán una gran huella que trascenderá en la vida de cada uno de los miembros del equipo.

3

COMO LIDERAR DE MANERA ESTRATÉGICA

"Lo que cuenta en la vida no es el simple hecho de haber vivido. Es qué diferencia hemos hecho en la vida de los demás lo que determina el significado de nuestra vida"
- Nelson Mandela

LOS GRUPOS REQUIEREN de liderazgo para poder progresar y tener éxito según las metas definidas por todos. De esta manera, el líder guía a sus seguidores, destaca sus fortalezas, y los ayuda a controlar sus debilidades para sobresalir entre los demás. Una figura de liderazgo facilita la conducción de las personas, despliega su talento, y logra un clima organizacional que constantemente busca desafíos. Si nuestro objetivo es fomentar el cambio, entonces vamos por el camino correcto.

Un líder eficaz aceptará los cambios y verá que estos pueden ser constructivos, y ese es el mensaje que un buen líder debe darle a su grupo: sacar lo mejor de cada uno. El liderazgo es algo en lo que mejoramos día a día. Se trata de un proceso que nunca termina, y que nos enseña y da lecciones a medida que avanzamos en nuestros proyectos. Le debemos nuestro lugar a las experiencias, a las dificultades, a los esfuerzos y a las ganancias. Las situaciones más complicadas son las que nos harán crecer profesionalmente y como persona.

Ser un líder es como ser un médico. No importa que nos digan o que sepamos lo humano que somos, nosotros trataremos siempre de hacer lo correcto e ir por el camino adecuado. Para triunfar, no solo es necesario saber por dónde ir, sino saber qué no hacer. Abundando a lo expuesto en el capítulo anterior, a continuación se presentan unos puntos a manera de guía práctica sobre las cosas que deben evitar los líderes a toda costa.

Las 10 características que deben evitarse en el liderazgo

Engaño

No existen los atajos hacia el éxito así como tampoco existen para el liderazgo. El liderazgo en sí es un proceso, un camino compuesto de pruebas y de aprendizaje. Cuando nos pase por la mente en algún momento el engaño, debemos replantearnos qué tanto deseamos promover un bien mayor. Tal vez usted está pensando que es algo absurdo y por lo tanto es algo que usted no haría, pues no valdría la pena. Pero el engaño no se ejerce en su propio carácter solamente, como tratar de aprovecharse de los demás especialmente de los más vulnerables.

También hay una forma de engaño mucho más sutil y que en la mayoría de las personas en algún momento de sus vida a estado presente. Prácticas que por la posición de "jefe" se hacen, como por ejemplo llegar más tarde que el resto del equipo justificando que usted "trabaja más que los demás", delegar trabajo a un subordinado que usted sabe le corresponde como parte de sus responsabilidades y funciones, adjudicarse el crédito de resultados exitosos logrados por los miembros del equipo, y otras situaciones como esas. Se que con esos pocos ejemplos ya ha podido entender la idea que le quiero transmitir referente al alcance que tiene el engaño.

Un líder hará todo para lograr el funcionamiento de un

equipo queriendo ayudar, generando crecimiento tanto para él como para los demás. No debe haber envidia ni intenciones ocultas. Por esto es que, al momento de tomar decisiones o poner proyectos en marcha, se debe consultar al grupo de personas del que estamos a cargo. No podemos traicionar su confianza ni omitirles información. Recuerde el principio de equipo, hágalos participes.

Autoritarismo

Nunca olvide su norte, pero por sobre todas las cosas, tampoco olvide su procedencia. Tengamos siempre en consideración que en algún momento estuvimos en el lugar de los primeros eslabones. Se sabe lo que se ha vivido en esas posiciones, por tanto esforcémonos en elevarlos a todos a nuestro mismo nivel organizacional y evitemos tan siquiera se nos pase por la mente considerarlos servidores nuestros. Las relaciones con los compañeros jamás deberían mancharse, por más arriba que nos encontremos, siempre debemos mirarlos como pares, desde el respeto.

Cobardía

La seguridad debe prevalecer aún cuando el temor se asome a la puerta naturalmente. Todo rastro de incertidumbre anulará la forma en que nos miran los demás, y esto traerá consecuencias como la falta de organización y concentración. El miedo está permitido, pero la cobardía jamás. Debemos hacerle frente a los temores más profundos, y ganarles la batalla. Debemos seguir en pie a toda costa. Nelson Mandela dijo sobre ello "No es valiente aquel que no tiene miedo, sino el que sabe conquistarlo"

Egoísmo

Un líder contará con el apoyo de sus seguidores, siempre y cuando su carácter no se amaine. Mantener una postura humilde y accesible es una buena meta para cuando formemos nuestro carácter como líder. No debemos caer en el burdo individualismo, que aunque parezca un tanto obvio, muchas veces las personas pecan de egoístas y arruinan su reputación de líderes. No vale la pena cegarse de ese modo y tirar por la borda tanto esfuerzo, desperdiciando el regalo de la confianza que han depositado en nosotros los demás. A largo plazo perderemos más de lo que se hubiese podido ganar.

Codicia

Querer tener más de lo que necesitamos para vivir, será un camino de tentación que siempre hay que evitar si queremos tener éxito y es algo que estará presente para toda la vida. Algunos son más fuertes y no se ven afectados por ello. Pero los que suelen ser por demás curiosos en pos de alimentar el insaciable deseo de reconocimiento, terminan encontrando todo lo contrario en el desprestigio y en la soledad que dejará la infidelidad de quienes han depositado su confianza en usted.

Deslealtad

Un líder debe ser honesto, debe tener valores bien definidos que le permitan saber qué es lo correcto, y debe desechar lo que causará cualquier negativa. En caso de tomar una decisión errónea sin consultar previamente, las consecuencias adversas para nosotros y para toda la empresa, no tardarán en llegar. Perderemos la confianza y ganaremos enemigos. No nos conviene. Quien no es capaz de ser leal a los demás, no es capaz de ser leal a sus propias creencias. Esta es una de esas características en las que es sumamente difícil que exista una dicotomía entre lo que soy con los demás y lo que soy conmigo mismo. No olvidemos, carácter intachable y compromiso inquebrantable en todo momento.

Quejas constantes

Vaya, que malo es tener una persona negativa que se queja constantemente, pero esto es algo que se ha vuelto más común a pesar de que las presentes generaciones cuentan con mayores comodidades y oportunidades que nunca antes. En los Estados Unidos se a popularizado un concepto para esto que le han llamado "snowflakes". Si pasamos más tiempo quejándonos del que nos ocupamos por remediar una situación, estaremos demostrando una total falta de madurez y templanza. Dejaremos en visto lo poco eficaces que somos, y terminaremos recluidos.

La situación que ha de solucionarse estará ahí, con la queja o sin ella, la única diferencia es que quejándonos gastamos más energía y le quitamos los deseos de que nos apoyen a aquellos que pueden ayudarnos.

Poder ciego

Es muy simple: si vivimos rodeados de personas que fracasan constantemente, la energía negativa terminará por desbordarnos a nosotros y a la empresa. Si lo que tenemos son empleados felices, entonces gran parte de nuestro éxito ya estará asegurado. Una persona feliz hace menos daño, y es a lo que siempre apuntaremos, a la felicidad de los otros. Con esto, la felicidad propia no se verá para nada inalcanzable. Cuando nos embriagamos de poder enajenándonos de todo lo demás, inevitablemente terminaremos en hacerle daño a los demás y posiblemente arruinaremos muchas vidas en el camino.

Irresponsabilidad

Si adquirimos un compromiso, no hay duda alguna que debemos hacer lo imposible para sostenerlo. Recae sobre nosotros esta responsabilidad, y al incumplir con ella, le fallamos al equipo entero. Así perderemos credibilidad y respeto. El nombre de las personas es igual que el crédito, una vez manchado nadie te tomará enserio.

Preferencias

Todos, lo queramos o no, nos movemos por afinidad. Está claro que es mucho más agradable emprender un proyecto con gente con la que nos sentimos más cómodos, pero esto no quiere decir que solamente debamos trabajar con los que piensan como nosotros. No está prohibido tener amistades dentro de nuestra vida laboral, pero no debemos permitir que esto nos ciegue.

Si tenemos amigos, familiares, o incluso a la pareja trabajando en este equipo conformado por más personas, debemos exigirles más, incluso ser igual o más estrictos que con los otros. Esto dará confianza, credibilidad, y una sensación de equidad a todos los miembros del equipo. Claro, aquí hay un punto importante, y es que en una situación como esta hay que dejar muy en claro a nuestro ser querido que no es algo personal y mucho menos se intenta ir contra el carácter de la persona. Si esto no se hace, entonces estamos anulando el propósito y terminaremos con ser injustos con nuestros conocidos. Pero sí es necesario presentar el tono deseado en los grupo con los cuales se trabaja.

El propósito en sí del liderazgo se resume en relacionarse exitosamente con otras personas. Se trata de cambiarle la vida a gente que está dispuesta a hacerlo. Esto es básicamente, tratar a los demás como nos gustaría que nos traten. Lo que buscamos es despertar un deseo en el otro de querer crecer y ayudar a los demás a crecer. La mejor manera de influir es hablándole acerca de sus anhelos, para luego enseñarles que con las herramientas necesarias, puede conseguir lo que sea.

La clave infalible de alcanzar el éxito en el liderazgo siempre será poniéndonos en el lugar de los demás. No es un secreto así como no es algo extraño. De hecho, formar un equipo de personas que confíe en ti es una tarea asequible. Únicamente debemos estar dispuestos a hacerlo de manera consistente, pero solemos preferir trabajar solos ya que nadie nos conoce mejor que nosotros mismos, pero ahí es donde comienza el error, y no siempre lo vemos.

Quien muestra desinterés hacia el otro, es quien tiene mayores dificultades en la vida, y, a causa de estas elecciones que hacemos, es que tantos de nuestros sueños y proyectos se derrumban. Para poder lograr lo que queremos, es obligatorio salir de nuestra zona de comodidad. Nosotros somos gran parte del motivo de éxito y de fracaso en nuestras vidas.

4

EL LIDERAZGO ES DINÁMICO

"No hay nada mejor que la adversidad. Cada derrota, cada angustia, cada pérdida, contienen su propia semilla, su propia lección sobre cómo mejorar tu rendimiento la próxima vez"

- Malcolm X

No existe tal cosa como el liderazgo estático. No es posible en un contexto actual que el liderazgo efectivo pueda darse desde la intransigencia y la rigidez. El líder ha de ser una persona capaz de adaptarse a los cambios que se suceden a su alrededor. No solo en el ámbito laboral, también, e incluso más importante aún, en el personal. El líder ha de reunir cualidades como la flexibilidad y la volatilidad ante cualquier modificación de su contexto. Adaptarse a las circunstancias, propias y ajenas, es la primera piedra sobre la que construir el dinamismo de sus acciones como líder.

Sabemos qué es el liderazgo. Por eso estamos aquí. Pero ¿sabemos qué es un liderazgo dinámico? Para comprender este término y no caer en confusiones innecesarias, acudamos a la base sobre la que se edifica nuestro lenguaje. Según la Real Academia Española de la Lengua, se entiende como *dinamismo* toda aquella "energía activa y propulsora".[1] Es decir, en términos de liderazgo, será dinámico todo individuo que consiga transmitir a las personas que lo rodean un convencimiento por escuchar, atender y seguir sus indicaciones en aras de alcanzar un bien u objetivo colectivo. Todo aquel que sea capaz de generar tal impulso en sus ajenos. No será un líder dinámico, por lo tanto, todo aquel que trate de imponer, mandar u obligar a sus allegados cualquier decisión de manera categórica e irremediable, sin haber atendido previamente sus circunstancias o contextos como individuos.

A lo largo de la historia, ha resultado un denominador común el asociar el liderazgo a la figura que aglutina todas aquellas aptitudes destinadas a altos cargos o mandos directivos. Siempre se ha tendido a vincular a las altas escalas un carácter rígido y mandatario, unidireccional en formas y contenido. La intransigencia ante las necesidades de sus inferiores se erigía como una de las facultades no solo necesarias, sino positivas a la hora de ejercer cualquier liderazgo. La figura del jefe representaba la persona encargada de mandar y dirigir a sus subordinados. Así pues, sus obligaciones como tal nunca deberían verse diezmadas por ninguna decisión más allá del buen devenir personal y el funcionamiento de la empresa en términos económicos. ¿Por qué iba a interesarse la hormiga reina por las hormigas que mantienen los cimientos del reino? Hasta hace bien poco, el simple hecho de plantear esta cuestión se antojaba estúpido.

Por suerte, con el paso de las décadas, este concepto ha evolucionado lentamente hasta transformar diametralmente su significado y contexto. El líder ha dejado de estar asociado a esas actitudes totalitarias, así como al desinterés por las personas que formaban la plantilla de su propia empresa. Solo fijándonos en el lenguaje que hacíamos referencia al comienzo de este capítulo, podemos observar diferencias notables. Ya no se emplean, o al menos no son tan comunes, términos como *subordinados* tan manidos en épocas pasadas.

En este contexto de constante evolución, el dinamismo del líder recae, como se mencionaba con anterioridad, a la capacidad de transmitir una energía activa y propulsora. En comunicar, en el más amplio sentido de la palabra, de forma efectiva, y poder convencer de la validez de tus ideas a todo un grupo de personas que está esperando a ser guiada hacia un objetivo común. A fin de cuentas, como sostenía el pensador austriaco Peter F. Drucker, en "conseguir gente que te siga".[2]

Para entender las características del liderazgo dinámico, vamos a tratar de establecer aquellos conceptos que han resultado de la erosión de información acaecida durante las últimas décadas.

El liderazgo no es blanco o negro: existe una amplia escala de grises

Así es, como en todos los aspectos de la vida, existe una gran variedad de matices. Los extremos no suelen ser vías fiables para encontrar soluciones adaptadas a nuestro tiempo, por lo que el punto medio, en ocasiones algo idealizado, deberá ser el lugar sobre el que dirigir el foco como líder. Como es obvio, no existe una fórmula matemática que nos permita conocer los pasos a seguir para ser un gran líder dinámico en cada situación. Por ello, para convertir nuestro liderazgo en dinámico, deberemos adaptarnos a las circunstancias de nuestra propia realidad. No podemos acudir a las distintas situaciones con nuestro libreto de liderazgo particular, porque lo más probable es que no nos sirva. Expliquemos esto de un modo simple. Imaginemos que estamos en una calle desconocida y preguntamos a un viandante cómo encontrar una panadería. Este viandante nos escribe sobre un papel en blanco de forma detallada las indicaciones para llegar a la panadería más cercana. Si nos movemos del lugar en el que estamos, esas indicaciones dejarán de tener validez. Si cambiamos de ciudad, de región o de país, las indicaciones habrán perdido toda su vigencia y no tendrán ningún uso útil, más allá de que podamos conservarlas de recuerdo. El liderazgo funciona de la misma manera. No podemos liderar igual en distintas situaciones. Cada realidad es un mundo diferente y deberemos encontrar el punto medio para adaptarnos a ellas.

El líder dinámico se adapta a su equipo y no al revés

Este concepto es muy importante y, a su vez, un escalón en el que tropiezan muchos aspirantes a liderar equipos. Está asumido por la inmensa mayoría que el líder ha de adaptarse a las circunstancias, pero en numerosas ocasiones se omite nombrar a las *personas* en este sentido. Las personas son los mayores activos de un equipo y, por ende, los valores más importantes de una empresa. Para ser líderes dinámicos, deberemos tener en cuenta las realidades de todos los individuos que conforman nuestro equipo. Cuando conozcamos sus circunstancias, problemas y preocupaciones, estaremos un poco más cerca de saber cómo adaptarnos a todos ellos de una manera homogénea. Está claro que no es la elección más cómoda, muchos preferirían tomar otra dirección y dejar que sean los otros los que se adapten a su forma de liderar, pero en muchas ocasiones elegir el camino más corto no resulta rentable a largo plazo. Trabajemos nuestras relaciones interpersonales. Confiemos en ellas. De esta forma, conseguiremos dar pasos agigantados hacia nuestro objetivo de ser líderes dinámicos.

Apertura de miras y flexibilidad ante los cambios

El cambio es inherente al paso del tiempo. Los líderes de todo el mundo se enfrentan constantemente a todo tipo de modificaciones de sus realidades. Para prosperar como líder, necesitas aglutinar una serie de características que definan tu capacidad para ver el cambio como una oportunidad de crecimiento y no como un obstáculo. Para ello, el líder dinámico ha de tener un pensamiento flexible, una adaptabilidad de estrategias y, por último, pero no menos importante, una curiosidad innata por conocer lo que puede deparar el futuro. Para el líder, la apertura de miras se traduce en tener un acceso instantáneo a diferentes formas de pensamiento con las que afrontar un problema. Esto permite a los líderes cambiar, probar y experimentar. Tener un pensamiento elástico hace, en sí, que el líder sea dinámico. A mayor conciencia y a mayor perspectiva sobre su propia realidad, mayor conocimiento tendrá sobre las circunstancias de su entorno y de las personas que lo rodean. No obstante, estas situaciones ajenas no siempre son accesibles de una forma sencilla. Un equipo siempre tendrá miembros más reacios que otros a expresar sus ideas sobre un tema determinado. Es ahí donde entra la curiosidad del líder. El líder dinámico pregunta, muestra interés y se preocupa por las realidades que le rodean. Cuando aprendemos de los demás, el aprendizaje es continuo y, por momentos, infinito. Llegar a ese punto de retroalimentación es esencial para llevar las relaciones al nivel deseado.

Con todo ello, son incontables los beneficios que el líder puede extraer de una mentalidad abierta y flexible: actitud positiva ante las posibles crisis y dificultades que se vayan a enfrentar, mayor capacidad para hallar soluciones ante los problemas que se planteen, enriquecer el funcionamiento del equipo a través de una retroalimentación constante con tus compañeros de trabajo.

Si nos fijamos en el ámbito del deporte, por ejemplo, la figura del entrenador se asemeja bastante a la del líder en el mundo empresarial. Una figura encargada de gestionar un grupo de personas, mantenerlas activas y capaces de prosperar en sus fortalezas y minimizar sus limitaciones, así como establecer un estado de ánimo como grupo que invite a desarrollar la energía activa y propulsora de la que hablábamos al definir el *dinamismo*.

Muchos entrenadores a lo largo de la historia han tenido éxito en diferentes disciplinas en función de sus métodos fuera de los terrenos de juego. Está claro que lo puramente deportivo es relevante en el desempeño de sus funciones, pero no son pocos los técnicos que han hecho historia en sus respectivos deportes por destacar de un modo positivo en otro tipo de facultades, como la inteligencia emocional o el liderazgo dinámico.

En la modalidad de los deportes colectivos, existen numerosos ejemplos de figuras que representan a la perfección el dinamismo al que nos referimos como aptitudes de liderazgo. El fútbol, deporte rey por excelencia, ha dejado una lista de técnicos brillantes en estos aspectos. José Mourinho, Pep Guardiola, Bill Shankly, Helenio Herrera, Sir Alex Ferguson, Luis Aragonés o Diego Pablo Simeone son solo algunos de ellos. En baloncesto, Phil Jackson, Gregg Poppovich o Steve Kerr han dejado un legado incalculable sobre el que estudiar y sacar conclusiones en esta materia. Como ellos han existido tantos otros de los que se es posible aprender como Bill Belichick o Vince Lombardi en fútbol americano, Valero Rivera en balonmano o Ratko Rudić en waterpolo.

La gestión de las emociones es clave para mantener un grupo de personas unido. Permite que las personas te escuchen y sean capaces de sentirse atraídas por tu discurso y por tus ideas. Un ejemplo claro de ello es el estadounidense Phil Jackson, entrenador más laureado de la historia de la NBA de baloncesto con once títulos. A lo largo de su carrera, Jackson ha tenido que gestionar los egos de estrellas mundiales como Michael Jordan, Scottie Pippen, Dennis Rodman, Kobe Bryant y Shaquille O'Neal. Personalidades que, por puro instinto natural, tenderían a proyectar sus aspiraciones individuales muy por encima de las colectivas.

Eso es algo que jamás sucedió bajo los mandos de Phil Jackson. Admirador confeso de la filosofía *zen* y de los entramados sagrados que se esconden tras la psicología aplicada al deporte, Jackson es conocido en la NBA como el 'Maestro Zen'. Su estilo de liderazgo no se centra en la imposición, sino en el acompañamiento. De su mano, los jugadores nunca se sentirían oprimidos ni obligados a hacer nada que no puedan hacer, sino más bien todo lo contrario. El líder dinámico no conoce la intransigencia. Guía, no manda. *Acompaña, no dirige.* Como reconocía el propio Kobe Bryant, tristemente fallecido en enero de 2020, "no solo se trata de una forma de liderazgo en baloncesto, sino una filosofía de vida. Consiste en estar presente y disfrutar cada momento según llega, dejar que tus hijas se desarrollen a su ritmo en lugar de tratar de imponerles algo con lo que, en realidad, no se van a sentir cómodas. Se trata de nutrirlas, de guiarlas. Todo eso lo aprendí de Phil".[3]

En la gestión de esos vestuarios, Jackson[4] encontró una fórmula esencial para que ninguno de sus jugadores se saliera del camino trazado. No quería que nadie se descarrilara y, por ende, dejara de seguir su discurso. Así que aprendió a despersonalizar las críticas en el vestuario. "Desde la perspectiva de liderazgo, algo que me gustaba del sistema de Tex [Winter] era que despersonalizaba las críticas. Me dio la posibilidad de criticar el rendimiento de los atletas sin que pensasen que los estaba atacando personalmente. Los baloncestistas profesionales son personas muy sensibles a las críticas". Todos estos conceptos son plenamente aplicables a cualquier realidad empresarial. Podemos hacer el ejercicio. Es tan sencillo como cambiar *atletas* por *empleados* y *baloncesto* por *negocio*. Lo sustancial es el contenido de esas declaraciones y cómo podemos traducir el aprendizaje que extraigamos a nuestra circunstancia particular.

Veamos otro ejemplo, esta vez en el fútbol. En medio de un fervoroso debate en la prensa sobre el estilo de juego de su equipo, el argentino Diego Pablo 'el Cholo' Simeone, entrenador del Atlético de Madrid desde 2011, definía en una rutinaria conferencia de prensa de la temporada 2018/2019 uno de sus principios más relevantes como técnico, adaptarse al contexto. "Hay distintas maneras de jugar y de todas se puede ganar. Como entrenador, hay que entender qué es lo que más nos conviene para que el equipo pueda explotar las características de los futbolistas que tiene".[5] Esto se puede extrapolar a cualquier situación empresarial o de negocios que podamos presenciar en la vida cotidiana. El líder ha de ser el agua dentro del jarrón. Como sostiene Simeone, cualquier líder tiene que ser volátil y tendrá que adaptarse a su circunstancia particular. Incluso adaptarse a la circunstancia particular de cada uno de los que le rodean. Ajustarse a los ingredientes de los que dispone y sacar el mayor provecho de ellos. El líder nunca va a lamentarse por lo que no tiene. Trabajará y buscará la manera de conseguir los resultados que ansía con los elementos que sí tiene a su alcance. Y para ello, resulta fundamental ser realista. Al igual que a Phil Jackson en baloncesto, al técnico argentino del Atlético de Madrid no le ha ido del todo mal con esta forma de entender el liderazgo. Es considerado por muchos como el mejor entrenador de la historia del club madrileño y uno de los mejores del mundo en la actualidad.

El líder dinámico es el líder adaptado a la realidad contemporánea. Es alguien con la capacidad de flexibilizar sus pensamientos y ajustarlos a las circunstancias que demande cada individuo de su entorno. El líder dinámico se encarga de implementar y proponer nuevas formas para liderar con cada generación emergente, proponer estrategias de respuesta a las diferentes situaciones u obstáculos que puedan surgir en el camino hacia el éxito. El líder dinámico empleará todas estas técnicas y verá que pueden funcionar para mitigar los efectos de un determinado momento, pero no necesariamente van a funcionar para otros. Es decir, el liderazgo no es un término inmóvil o estático, sino más bien todo lo contrario. Al igual que cada persona viste una ropa diferente, con tallas, colores y texturas diferentes; deberemos acatar las mentalidades diferentes de las personas que nos rodean según sus necesidades. En el liderazgo, como en la vida, no existe una talla válida para todos.

5

LIDERAZGO EQUIVALE A UNA ACCIÓN, NO UNA POSICIÓN

"Conviértete en el tipo de líder que las personas seguirían voluntariamente, incluso si no tienes el título o la posición"
- Brian Tracy

LOS TÍTULOS y las posiciones muchas veces pueden crear una falsa seguridad en las personas que los ostentan, como mecanismo de auto protección. Se escudan en las posiciones ante el inminente miedo producido por la incertidumbre de saber que no se cuenta con las capacidades para ejercer un liderazgo efectivo. Es ese último recurso, funciona como cuando los padres le dicen a los hijos, "porque yo lo digo", y no se tiene base para la argumentación.

Ejemplos de estos tipos de liderazgos, los cuales son cada vez menos efectivos, se encuentran en estructuras organizacionales jerárquicas como lo son los cuerpos militares, organizaciones político-gubernamentales, algunas organizaciones religiosas, etc. Prácticamente, este tipo de liderazgo elimina la posibilidad de participación bilateral. Es un reto encontrar la manera de cambiar la mentalidad de estos líderes una vez que han hecho una inversión emocional sobre el esfuerzo que han puesto en conseguir las posiciones y reconocimientos. Es una tarea ardua y compleja removerles el suelo de la comodidad y conformismo que puede ser perenne cuando se alcanzan esos estados y sus posiciones.

Se debe comprender que según continúe avanzando el desarrollo de la globalización en sus futuras manifestaciones, los desarrollos tecnológicos y las transformaciones de la macroeconomía, existirá una amplia gama de oportunidades para las generaciones futuras.

¿Aún existe el liderazgo coercitivo?

Indudablemente, el poder coercitivo se vuelve por defecto la manera de ejercer el liderazgo para las personas que se niegan a desprenderse de las ataduras a las posiciones como autoridad definitiva. No cabe espacio para la comprensión y por lo tanto se cierran cualquier brecha para compartir ideas y discutir alternativas para resolver retos. Con ello, es el líder quien más pierde, mucho más que cualquiera de las personas en la organización. La razón es que en una posición como esta, el líder cierra todo canal para la retroalimentación, y gran parte del conocimiento para liderar viene de quienes se lidera.

Se puede comprender de la siguiente forma. Imagínese que usted está en una posición de liderazgo, y que conoce todas las teorías y metodologías existentes sobre el liderazgo. Por más que usted se esfuerce en ponerlas en práctica con su organización, si no observa que es lo que las personas necesitan y anhelan, sus capacidades y destrezas, sus experiencias y emociones, es imposible que conozca cuales son las medidas de liderazgo que pueden ser efectivas para alcanzar los resultados deseados. Ya se ha mencionado en este libro, no existe, ni podrá existir una sola manera de liderar porque existe una variedad infinita de personalidades.

Importancia del desarrollo personal

Una manera que ya ha sido propuesta como medida para promover culturas de motivación es empleando el liderazgo transformacional y el liderazgo transaccional. Como detalla el investigador Naranjo,[11] el liderazgo transformacional se compone de carisma, inspiración, estimulación intelectual y consideración individualizada. Este tipo de liderazgo le da la confianza al individuo para que aspire a desarrollarse personalmente al grado que su visión esté motivada por intereses que vayan mas allá de los suyos, para ser capaz de atender aquellas necesidades del entorno organizacional y la sociedad.

El investigador hace una mención del liderazgo transaccional como uno del tipo de liderazgo que busca la estabilidad en los grupos, dando reconocimiento o algún tipo de gratificación por el esfuerzo realizado en la realización de las metas establecidas. Cabe señalar que por su naturaleza, este liderazgo no es estático, requiriendo de constante revisión del ambiente laboral y de como cambian las necesidades de los empleados, requiriendo una constante capacitación. También Bernal[2] comenta que la dirección empresarial es un proceso de motivación al liderazgo de las personas y de los equipos de trabajo en las empresas. Esto significa como se ha venido mencionando, que el liderazgo es un proceso y no un fin, y tal proceso tiene su alfa y omega en los miembros de la organización pero no en la persona del líder. El liderazgo tiene su comienzo y encuentra su clímax en el otro.

La capacitación guarda estrecha relación con el desarrollo de talento en las organizaciones. El rol de la capacitación en las organizaciones lo describe Chivetano como[3] sigue:

"La capacitación es la experiencia aprendida que produce un cambio permanente en un individuo y que mejora su capacidad para desempeñar un trabajo. La capacitación implica un cambio de habilidades, de conocimientos, de actitudes o de comportamiento. Esto significa cambiar aquello que los empleados conocen, su forma de trabajar, sus actitudes ante su trabajo o sus interacciones con los colegas o el supervisor.

La capacitación es el proceso educativo de corto plazo, que se aplica de manera sistemática y organizada, que permite a las personas aprender conocimientos, actitudes y competencias en función de objetivos definidos previamente." (pág. 371).

La capacitación en el liderazgo

Visto a la luz de la capacitación como un proceso estratégico, se entiende el por qué esto debe ser parte de la planificación estratégica de las organizaciones. Ahora bien, los dos aspectos educativos que se han mencionado forman parte de una alternativa educativa para el desarrollo de los talentos de los empleados. El otro aspecto es la educación de los líderes para poder entender a sus subordinados y poder satisfacer sus necesidades. En las generaciones más recientes se ha podido observar un patrón en la observancia de la autoridad. En ellas el individuo respeta la autoridad en cuanto a seguir a "jefes" si estos representan un verdadero liderazgo, es decir, si estos tienen el conocimiento suficiente para guiarlos y cuentan con las destrezas de relaciones humanas para saber como trabajar ante diferentes situaciones y con diferentes personalidades según sus necesidades.[4] Más que todo, ellos buscan en sus líderes figuras de integridad, compromiso y que lideren por su ejemplo y no por sus puestos. Es por estas razones que el liderazgo organizacional es un desafío permanente.[5]

En cuanto a la importancia del desarrollo y capacitación en las culturas organizacionales, cabe notar una mención que muy bien puede ser aplicada al tema generacional. Según Cox & Blake & Flynn[6] es necesario desarrollar las destrezas necesarias para la optimización de recursos multiculturales mediante el reconocimiento de la diversidad en las empresas. Esta idea no se limita simplemente a las culturas de las organizaciones, también es aplicable a la variedad de generaciones y culturas que componen una sociedad.

6

COMUNICACIÓN EFECTIVA EN EL LIDERAZGO

"Si tus acciones inspiran a otros a soñar más, aprender más, hacer más y cambiar más, eres un líder"
- John Quincy Adams

LA COMUNICACIÓN efectiva lleva al liderazgo efectivo. La única manera de transmutar la visión del líder en su manifestación como acción por parte del equipo es transmitiendo el mensaje de manera clara y concisa, que este llegue y sea acogido por el grupo. En esta última premisa está implícito que hay que recurrir a cualquier medio necesario y hacer una búsqueda exhaustiva de cual tipo de comunicación tiene mayor resonancia con cada uno de los integrantes. Habrá momentos que para poder lograr transmitir el mensaje se necesitará establecer un acercamiento tipo "uno a uno".

Los orígenes de la disciplina de la comunicación

Los orígenes de la comunicación se pueden rastrear hasta el siglo V A.C, cuando los ciudadanos de Atenas, Grecia debían abogar por ellos mismos ante la corte.[1] Basado en ese contexto histórico los comienzos del liderazgo estaban completamente ligados a la comunicación, pues el estudio del liderazgo se trataba sobre el poder de influenciar al publico por medio de la oratoria.

Dando un salto al tiempo presente de la digitalización se ha requerido una redefinición sobre las comunicación en el liderazgo. Su exposición ahora es compleja, multidimensional, con procesos irreversibles por los cambios definitivos en la cultura y sociedad globalizada. Debido a tal complejidad el desarrollo teórico en el campo es un no definitivo y se nutre de diferentes disciplinas como la psicología, sociología y la administración.[2]

Sin comunicación no puede haber liderazgo

Una de las principales características sobre la comunicación es que la efectividad en la transmisión del mensaje está inversamente proporcional a la complejidad y abstracción del mensaje.[3] Aunque pudiera parecer obvio para el lector este principio, la realidad que muchas veces la falta de comunicación ocurre como resultado del proceso de pensamiento interno y no por no conocer que la comunicación debe ser clara y concisa. Es beneficioso para el líder primeramente no hacer suposición alguna ninguna referente a su interlocutor. Esto le permitirá no dejar fuera detalles que pueden ser importantes para que el mensaje sea entendido correctamente.

También debe tomar su tiempo de construir sus ideas e identificar cual es el nivel de sus emociones al momento de comunicar algo. Haciendo esto previo a la comunicación de un mensaje minimiza la posibilidad de que existan elementos no verbales que puedan provocar que el mensaje sea percibido de una manera distinta y a su vez evitará la mención excesiva de detalles que no aportan a la idea central pero provocan la distracción del receptor.

Desde esta premisa, el segundo componente del aprendizaje sobre la comunicación es la toma de consciencia en el reconocimiento de que existen paradigmas, o modelos mentales, que influencian y delimitan los procesos de comunicación. Entonces, una vez se reconoce la función de los modelos mentales, los líderes pueden comenzar un proceso de identificación de elementos en su forma de pensar y actuar en pos de la mejora de aquellos que limitan la efectividad en la transmisión de los mensajes.

Tomando el mismo ejemplo expuesto en la publicación de Garay Madariaga, me gustaría proponer el ejercicio desarrollado por Chris Argyris.[4] El ejercicio permite comprender la existencia e influencia de estos modelos mentales. El modelo presentado con enfoque centrado en el conflicto o resistencia de cambio es el siguiente:

1. Describa o narre un conflicto con otra persona: pariente, cliente, colega. Recuerde no sólo lo que decía, sino lo que pensaba y callaba, en el transcurso del proceso de comunicación o del conflicto que narra.

2. Analice cómo usted contribuyó al conflicto, con sus propios pensamientos. Identifique sus generalizaciones simplistas acerca de los demás.

3. Descubra cómo las simplificaciones determinaron lo que dijo e hizo.

Las simplificaciones son patrones de razonamiento que respaldan nuestra conducta. Teniendo ya presente la influencia de los modelos mentales en el proceso de comunicación nos preguntamos cómo sigue la historia. Es precisamente lo que plantea Robert McKee, quien especifica que "las historias llenan una profunda necesidad humana por captar los patrones de la vida, no meramente como ejercicio intelectual, sino como una experiencia muy personal, emocional" (2003).

El proceso de comunicación es uno compuesto por una materia, un proceso cognitivo y un componente emocional. La materia, el mensaje a transmitirse, es esa historia que asume el mensaje[5] junto con la intención de transmisión, el emisor, receptor y canal de transmisión. El proceso cognitivo es el que descodifica el mensaje para llegar a las conclusiones sobre su significado. En cuanto a las emociones, estas le ponen la acción al mensaje, estableciendo los modelos mentales. Por eso el autor nos dice que para los tiempos contemporáneos posmoderno, en donde existe una creciente diversidad cultural, las emociones son el resultado de las comunicaciones que permiten alinear los pensamientos, voluntades y conductas hacia un objetivo compartido. Es por ello, la importancia de prestarle atención a la comunicación no verbal, especialmente en presencia de grupos diversos.

Ejemplos de Comunicación no verbal

Aunque uno no lo piense, existen situaciones en la que la comunicación no verbal es más efectiva o es la comunicación correspondiente para ciertas situaciones. Como es más fácil pensar en la importancia e impacto de la comunicación verbal, solo les presento a continuación un listado a modo de ejemplo en el cual se presentan situaciones en las que la comunicación no verbal es más efectiva que la verbal.

Contacto físico. En este caso me refiero al contacto en el momento de dar un saludo. Cuando se da un saludo, la firmeza con que se da el apretón de mano o abrazo en países donde las personas son un poco más cálidos en sus saludos, como lo son los países latinoamericanos. Cuando se estrecha la mano sin hacerlo de manera firme puede llevar el mensaje de desinterés de devolver el saludo o no tener el deseo de reconocer a quien se saluda. Lo mismo al momento de dar un abrazo. Muchas muchas veces la persona no nos quiere decir lo que sienten, pero lo dejan saber con el saludo.

Saludo Militar. En el ejercito el saludo militar a oficiales representa respeto por el rango, cuando se hace el saludo de manera firme y enfocado a quien se le rinde el saludo militar representa reconocimiento de autoridad. Es más importante que la verbal porque deja entender si solo se saluda el rango que se representa o si también se esta respetando y saludando la persona detrás del rango.

Mirada esquiva. En momentos de confrontación, cuando el sujeto en cuestión tiene una mirada esquiva, por lo general existe una tendencia en volver su mirada al suelo. Muchas cosas podemos reconocer con esto, puede ser un indicador de que se nos esconde información, puede estar mintiendo, siente cierto temor o también puede estar mostrando vergüenza por lo que el individuo está contando. Es más efectiva que la verbal porque muchas veces se nos hace difícil llegar a la verdad solo con lo que nos están comunicando. De la misma manera nos permite ajustar nuestra manera de llevar la información si percibimos que estamos incomodando a nuestro interlocutor.

Gestos. Un ejemplo puede ser cuando realizamos algún tipo de presentación, ya sea sobre un producto, oportunidad de proyecto u otro demostración. Cuando el presentador utiliza sus manos para dar énfasis en cierta frases nos proyecta emoción por el proyecto, cree en lo que está presentando, desea compartir la oportunidad y por esa razón acentúa las ideas que transmite. Claro está que estos gestos no deben hacerse de manera exagerada o recurrir a estos en exceso, es importante siempre exhibir una posición de control.

Espacio personal. En aquellos momentos que una persona tiene una atracción por otra tiende a acercarse cuando habla con ella. La persona de interés, si mantiene o reduce el espacio da el mensaje de sentirse a gusto, cuando se mueve a recuperar la distancia puede indicar incomodidad o desconfianza . Esto nos lo dice sin tener que expresarlo con palabras. Parecido al primer ejemplo, es una de esas situaciones donde es más efectiva la comunicación no verbal porque tal vez nos se desea verbalizar lo que se siente o piensa, pero si se quiere dejar en claro el mensaje.

Postura. En el caso que una persona este sentada frente a un computador, televisor o algún otro dispositivo, y viene otra persona a comunicarle un mensaje la postura del primero nos demuestra el interés que tiene sea genuino o no. Aunque pueda estar mirando a su interlocutor, si solo gira su cabeza indica que no está brindando toda su atención aún cuando pueda estar contestando. Ahora bien, si este gira su torso, especialmente a nivel de que sus hombros estén de frente al otro, demuestra que está dando con interés toda su atención. Es algo que un líder debe tener en cuenta en momentos que requiera de transmitir un mensaje importante.

Apariencia. La manera en que nos arreglamos para asistir a un lugar o evento que de antemano se nos ha indicado el código de vestimenta, muestra cuanto respeto e importancia tenemos por ello. Muchas veces pasa igual con las entrevistas de empleo.

Teoría de sistemas y sus alcances en la comunicación

Los sistemas se componen de una estructura y una organización. La primera es el componente modificable según la circunstancia de uso del sistema, su naturaleza y la finalidad para la cual este diseñado. En cambio, la organización refleja lo que es la esencia e identidad propia por lo cual no puede ser alterada. Todos los elementos que forman parte de un sistema se relacionan para lograr sus objetivos por lo que es difícil para muchos de estos poder hacerlo de forma autónoma. Utilizando la descripción de los componentes de un sistema, si evaluamos los elementos de comunicación organizacional también se puede conceptualizar como sistema.

En un sistema de comunicación existe el elemento emisor, código, mensaje, canal y el receptor. De la misma manera y siguiendo las características de un sistema, para que cada componente pueda ser efectivo en su función y en efecto el sistema trabaje es necesario que todos los elementos estén conectados equilibradamente. Por ejemplo si falla el canal de comunicación o si el código no es descifrado adecuadamente por el receptor, la comunicación falla.

La Teoría General de Sistemas (TGS) es una conceptualización científica y sistemática que busca representar la realidad en buscas de encontrar estimular formas de trabajo interdisciplinarias mediante la comunicación efectiva. En sus objetivos originales, se observan tres principales: impulsar el desarrollo de una terminología general que permita describir las características, funciones y comportamientos sistémicos, desarrollar un conjunto de leyes aplicables a estos comportamientos y promover una formulación a dichas leyes[6].

La TGS tiene como función definir un conjunto de reglas que marcan un patrón para el cual se establecen los canales y elementos necesarios para que pueda entablarse una comunicación efectiva en cualquier entorno independientemente de los trasfondos e individualidades de cada persona. Tomando las características propias de un sistema de comunicación organizacional, establece los patrones de comportamientos naturales de las relaciones entre los diferentes elementos dentro de los parámetros según su rol y como la interdependencia existente entre estos marca la efectividad de la transmisión de ideas durante el proceso comunicativo.

La comunicación pude fortalecer o destruir relaciones, y en consecuencia puede afectar el éxito empresarial de cualquier tipo de organización ya que el activo más importante para obtener resultados positivos son las personas. Para que haya comunicación efectiva debe tenerse presente un objetivo claro, organización de las ideas dentro de la comunicación, medio que propicie integridad y claridad del mensaje

Algunos ejemplos de comunicación efectiva es el utilizar material claro y conciso visual al momento de dar cualquier tipo de presentación en la cual contenga los conceptos generales de la idea pero abundar sobre los temas haciendo contacto con la audiencia. Utilizar un lugar donde el tamaño permita que todos los participantes puedan escuchar claramente al presentador. Otro ejemplo es practicar previamente de manera estructurada y repetitiva la presentación que se intenta impartir de manera que todas la ideas estén organizadas siguiendo una secuencia lógica y estructurada al momento de ejecutar. Otra forma sería establecer un orden de preguntas, observaciones, presentación de ideas y argumentaciones cuando se este llevando a cabo una reunión organizacional. De esta manera se puede canalizar la atención de los participantes, tanto visual como auditiva, mientras se pueden seguir las ideas planteadas para poder servir el propósito de la discusión de argumentos.

Por otra parte, también existen obstáculos que dificultan la comunicación efectiva dentro de los que pueden considerarse los distractores de la atención por parte de los receptores. Hoy día los teléfonos móviles se han vuelto uno de los mayores distractores en la comunicación. Otro obstáculo lo son los mensajes confusos y conceptos ambiguos, y la falta de empatía para abrir los canales receptivos.

Algunos casos no muy poco común es cuando se está llevando a cabo una reunión, adiestramiento o simplemente cualquier tipo de orientación y algunos de los oyentes constantemente hacen uso del teléfono móvil para revisar las redes sociales. En otras ocaciones sucede que se está hablando con un persona en comunicación directa de uno a uno, y esta otra hace lo mismo con su teléfono móvil y durante la conversación pide que se le repita algunos puntos que ya se les ha dicho repetidas veces. También haciendo uso de los teléfonos móviles para intentar llevar un mensaje mediante alguna aplicación de mensajería instantánea, no muy pocas veces el mensaje que se interpreta es el erróneo debido a la libertad de interpretación que existe para el receptor o por la ambigüedad del lenguaje utilizado por el emisor. Existen ocasiones en las cuales se quiere presentar una propuesta de negocio donde las ideas no están claras u organizadas, y sucede que la visión del proyecto no puede ser capturada por el receptor de la presentación.

7

EL ROL DE LA INTELIGENCIA EMOCIONAL EN EL LIDERAZGO

"Antes de ser líder, el éxito sólo se trata del crecimiento propio. Una vez que te vuelves un líder, el éxito se define por el crecimiento de otros"
- Jack Welch

CUANDO SE PIENSA en un trabajo o en un empleo, comienzan a llegar un gran número de imágenes a la mente, entre ellas el entorno laboral, los muebles de oficina, los compañeros de trabajo, las condiciones en las que se trabaja, se piensa también en cómo será el ambiente laboral, he incluso se suele pensar en el jefe, y al caer en este personaje, suelen surgir interrogantes junto con una corriente de pensamientos asociados al jefe, ¿quién será? ¿cómo será? ¿tendrá buen carácter?

Todas las interrogantes que se formulan primero en la imaginación vienen entretejidas entorno al carácter, conducta y personalidad de aquel que ejerce como superior inmediato, lo cual comienza a causar cierta ansiedad en las personas. Esto se debe a que un jefe es una figura que infunde temor disfrazado con respeto y para entender mejor esto es necesario remitirse a la definición de la palabra "Jefe", que según la Real Academia Española, existen varias definiciones como:

1. m. y f. Superior o cabeza de una corporación, partido u oficio.

2. m. y f. Mil. Militar con cualquiera de los grados de comandante, teniente coronel y coronel en el Ejército, o los de capitán de corbeta, capitán de fragata y capitán de navío en la Armada. RAE 2020.[1]

Como se puede evidenciar en la cita anterior, existe una fuerte asociación de la palabra "jefe" con el mundo militar, su origen etimológico figura el francés antiguo "*chief*", que de acuerdo con los especialistas y muy conocedores de la materia de las lenguas antiguas, aseguran que era una palabra usada para referir a un jefe o "cabeza" de grupo, o bien aquel que tiene el mando de un equipo de personas.[2]

Toda persona en la actualidad tiene referencia a los jefes de aquellos tiranos, dictadores, comandantes de fuerzas militares del pasado que se caracterizan por tener un carácter recio que le transmite una formación estricta y muy disciplinada, que adicionalmente son muy temperamentales y que suelen descargar toda su rabia emocional con sus subordinados. Ello sin descuidar su imagen personal bien arreglada y engalanada con uniforme que no carece de insignias y símbolos de sus logros que les hace lucir como seres inalcanzables e invencibles.

Es por todo eso que, al pensar en un jefe comience un nerviosismo interno por todas esas ideas ya preconcebidas de los jefes del pasado. Esas conductas bastantes negativas que caracterizan a los militares han sido copiadas por aquellos que presiden corporaciones. De hecho, en el libro *El Arte de la Guerra* escrito por Sun Tsu y recomendado por aquellos profesionales del entorno empresarial, entre ellos, Sandra Lynn asegura que existen "factores fundamentales han de ser conocidos por cada jefe. Aquel que los domina, vence; aquel que no, sale derrotado".[3]

Esos factores a los que Sandra Lynn hace referencia los propuso el mencionado Sun Tsu quien decía en su libro que:[4]

"Mira por tus soldados como miras por un recién nacido; así estarán dispuestos a seguirte hasta los valles más profundos; cuida de tus soldados como cuidas de tus queridos hijos y morirán gustosamente contigo."

Con el pasar de los siglos en Europa y más específicamente en Florencia Italia, un diplomático conocido como Nicolás Maquiavelo entre 1469 y 1527, luego de haber pasado largo tiempo analizando la psicología de los políticos y gobernantes de su tiempo, escribió una obra que tituló *El Príncipe*. En ella él hace un estudio y da instrucciones sobre cómo debe ser el proceder de un jefe, siendo una de sus frases más celebres "Más vale ser temido que ser amado"[5], en la que se puede notar que este autor tenía una convicción bastante orientada al resultado que se obtiene de la aplicación del poder coercitivo.

Vale destacar que los métodos maquiavélicos, los cuales son muchos, son unos de los más estudiados por ser muy polémicos. En la actualidad son considerados muy radicales ya que su autor lo que promueve es valerse de una serie de técnicas y estrategias psicológicas para manipular a todos los que se encuentran en el entorno de este jefe sin darle importancia al daño que estos puedan sufrir y desecharlos luego de haber logrado el propósito. Esto lo describió muy bien en su frase "El fin justifica los medios".

Es en este punto donde estos dos grandes autores más que demostrarnos con base en sus experiencias como proceder, nos indican que siempre debe haber una estrategia. Por lo que ejercer el mando sin una idea y una planificación estratégica de fondo no nos conducirá muy lejos, y los objetivos esperados no serán logrados según visualizados.

Los nuevos líderes han sustituidos los antiguos jefes

Hay que tener en cuenta que estamos viviendo en una época que dista mucho de aquella en la que vivieron Sun Tsu y Maquiavelo. Por esta razón, aunque no se deben aplicar métodos arcaicos en la actualidad, muy bien sí se pueden adaptar a los tiempos contemporaneos.

Una de las grandes ventajas que tenían los jefes del pasado era la ignorancia existente en sus respectivas épocas, no cualquiera formaba parte de una acaudalada familia que le permitiera costear los gastos de estudios y hacerse con el conocimiento para avasallar a los ignorantes más fácilmente.

En la actualidad se tiene conocimiento sobre las diferentes maneras de ejercer el control de un grupo, ya no solo existe el clásico jefe, sino que coexiste con el líder. Ya se ha venido trabajando a lo largo de esta obra, pero es indispensable entender que ser líder y no jefe es a lo que debemos aspirar. En estos momentos cada vez más personas están descubriendo e identificando sus potencialidades, habilidades, capacidades, actitudes, aptitudes y valores. Es allí donde radica el verdadero valor de un líder, en saber identificar su propia riqueza interna para tener la capacidad de observar el brillo en el otro.

Optar por ser un líder en lugar de ser un jefe, ya es una decisión estratégica ganadora. Continúa en la búsqueda de ese camino y procura aplicar el principio de la formación continua, pero empezando primero por ti mismo como se habló en el primer capítulo *Tú Eres tu Primer Líder*. El liderazgo comienza en casa, debes convertirte en el líder que desearías y mereces tener.

Seguidamente, tu enriquecimiento personal tiene que ir de la mano al enriquecimiento intelectual, como ya fue abordado en el capítulo *Liderazgo Equivale a una Acción, no una Posición*. Mereces nutrir tu mente, al aprender cosas nuevas, al reforzar conocimientos ya adquiridos, y sumar algo aunque sea mínimo. Al usted sentirse bien consigo mismo proyectará esa auto satisfacción. De acuerdo con esto, según Daniel Goleman el precursor del concepto de la inteligencia emocional, "El conocimiento de uno mismo, es decir, la capacidad de reconocer un sentimiento en el mismo momento en que aparece, constituye la piedra angular de la inteligencia emocional".[6] Cuando lo que tienes y lo que deseas alcanzar es evidentemente claro, ya estás preparado para lo siguiente.

El arte de la visualización en la inteligencia emocional del líder

Visualizar lo que quieres, hacerte consciente de lo que sueñas en alcanzar, planificar los procesos que vas a aplicar, e idear varios planes, forman parte del proceso creativo para alinear la inteligencia emocional con tu carácter como líder. Adicionalmente, después de haber analizado diferentes formas y maneras de alcanzar tus objetivos, siempre es bueno detenerte a pensar qué pasaría si ninguno de tus planes sale bien. ¿Qué hacer? ¿Cómo proceder? ¿A quién recurrir?

Hay que dar paso a la capacidad de resolución inmediata ante una pequeña crisis, pero dentro de ciertos parámetros previamente determinados, recuerda que en la inteligencia emocional, el control de las emociones es fundamental para la improvisación controlada.[7]En el libro Once anillos, Phil Jackson decía:[8]

"(...) Recordemos aquella escena de la primera entrega de Indiana Jones, en la que alguien pregunta a Indy qué piensa hacer y este responde: "No lo sé, lo inventaré sobre la marcha". Yo veo el liderazgo desde la misma óptica. Se trata de un acto de improvisación controlada, de un ejercicio de dedos a lo Thelonious Monk, de un momento al siguiente".

Una vez entendido el control que debe existir dentro de la

posible necesidad de improvisar es necesario determinar luego cuales serán los recursos que requeriremos. Estos recursos pueden variar dependiendo de las condiciones en las que se presenta el contexto donde el líder se encuentre. Estos recursos pueden ser materiales, financieros y humanos.

En cuanto a los recursos materiales podemos definirlos como aquellos objetos o instrumentos, en su mayoría tecnológicos que permiten facilitar el trabajo y además pueden potenciar el rango de alcance de tu trabajo. Estos recursos van desde el lugar de trabajo, como la oficina o local comercial, los bienes muebles que sirven para brindar mayor confort en las jornadas laborales, los equipos electrónicos y tecnológicos que permiten el acceso a los medios digitales y virtuales que permitirán llegar a una audiencia mayor.

Por su parte, los recursos financieros vienen para facilitar todo en función a los gastos existentes o por surgir. Este es el recurso al que se le da más importancia, el que recibe mayor atención, este recurso mientras más cantidad se tenga en el haber, mayor será el control administrativo y contable. Por lo general, especialmente en las grandes corporaciones, el recurso monetario es visto como el motor que le da inicio a todo, pero lo que se ignora es que el verdadero motor es la capacidad humana de innovar y progresar.

El recurso humano como motor de inicio

Con el paso del tiempo se ha podido trascender en la idea de como debe tratarse a los trabajadores. En la actualidad hemos entendido que los humanos no deben de ser tratados como recursos materiales, o como objetos inanimados, en este punto es donde se requiere que un líder aplique toda su inteligencia emocional como estrategia para identificar las potencialidades de todo su personal y orientarlos al crecimiento individual. El desarrollo personal siempre debe estar encaminado a nutrir el crecimiento del colectivo, habilitándolos a cumplir con las metas en función de los planes establecidos.

En este punto es donde se hace necesario que el buen líder haga una aplicación estratégica de la Inteligencia Emocional, porque esta permitirá tomar decisiones más certeras, un uso inteligente de las finanzas y permitirá una distribución justa de tareas entre el personal hábil.

8

TEORIAS MOTIVACIONALES PARA EL LIDERAZGO

"El desafío del liderazgo es ser fuerte, pero no rudo; amable, pero no débil; atrevido, pero no abusivo; considerado, pero no flojo; humilde, pero no tímido; orgulloso, pero no arrogante; tener buen humor, pero no ser tonto"
- Jim Rohn

SE HA EXPLICADO con anterioridad que las personas pertenecientes a estas nuevas generaciones toman mucho las referencias de los perfiles de aquellos clásicos líderes políticos que ejercen la función de infundir miedo en las masas para que sea más fácil de dominar. Pues actualmente, ese es un modelo bastante caduco ya que genera más desgaste que repare y que al final de toda la gestión la insatisfacción es general e incluso repercute de manera negativa en la salud física y mental de todos los que puedan haber vivido o sufrido de esa gestión.

Dentro de las nuevas corrientes, modos y maneras de aplicar el liderazgo existen una serie de estrategias que permiten al buen líder orientar el camino o el trabajo del grupo, estas tienen como base diversas teorías que fueron desarrolladas por varios investigadores de la materia a través de los años, estas fueron ordenadas en dos agrupaciones que son las teorías de contenido y las teorías de proceso.

Las Teorías de Contenido

Estas son las teorías que vienen a darnos información teórica, son las que sustancian todo lo que se puede aprender referente a la motivación. Dentro de esta categoría es posible encontrarnos con cuatro autores muy populares que arrojaron luz teórica en el mundo del empresarismo y la gerencia, donde el manejo del personal siempre es un tema complicado para algunos.

Teoría de la jerarquización de las necesidades según Maslow[1]

De acuerdo con Maslow, la fuerza que impulsa a las personas es la motivación, pero esta no se resume en una única cosa, existen varias motivaciones enfocadas en algún anhelo específico, pero Maslow determinó un orden detallado logrando así una jerarquía y las expresó de manera gráfica en una pirámide, muy popular y conocida como *La pirámide motivacional*. En esta pirámide es posible observar que las motivaciones más prioritarias o importantes no están en la cúspide sino en la base que dando de la siguiente manera:

En la base están las necesidades *fisiológicas* entre las que están el alimento, el instinto de conservación o supervivencia, confort y vestimenta. Se entiende que sin energía una persona no puede trabajar, la comida es lo que mueve a todo ser vivo a trabajar, por lo tanto sin esto no vale la pena trabajar por lo que no habría motivación. Acá está la principal serie de motivaciones que le dan sentido a nuestro instinto humano y que resulta bastante lógico que si esas necesidades no se satisfacen sencillamente no se puede vivir.

En el siguiente eslabón se encuentra la *seguridad*, que comprende todo lo asociado a evitar los daños físicos que pudiera ocasionar el entorno. Un trabajador optará por postularse y mantenerse en un cargo donde su integridad física no resulte afectada, tampoco la psicológica, esto explica los índices de bajas existentes en las tropas militares asignados los puestos de guerra.

Posteriormente Maslow nos menciona las necesidades *sociales* que engloba todo lo asociado a la capacidad del ser humano de relacionarse con el entorno, en la actualidad las nuevas generaciones demandan un excelente clima organizacional donde se puedan desenvolver sin riesgo y puedan relacionarse con personas que tengan intereses similares. Es común ver en estos últimos tiempos, especialistas que buscan la manera de retener al personal menor a los 30 años de edad a través de estrategias que promuevan el trabajo en equipo, la aceptación de diferencias, y valores como el compañerismo y el sentido pertenencia, todo esto para evitar la gran cantidad de rotación de personal.

En el siguiente orden encontramos a la *estima* que hace referencia al interés que puede ocasionar el gran nombre de una empresa, es decir que no es igual para un periodista escribir a un periódico local que escribir para un periódico leído internacionalmente. También es posible encontrar dentro este nivel el reconocimiento a que recibe un trabajador por su esfuerzo, pues es normal que una persona quiere verse recompensada por todo el esfuerzo que hace por cumplir muy bien con sus funciones. Este punto trata sobre el sentimiento, es por ello que siempre vemos cuadros de honor en las escuelas o la fotografía de Empleado del mes en las empresas.

Por último, en la cúspide encontramos la *autorrealización*, dentro de esta hay una serie de características que buscan los trabajadores jóvenes al momento de enviar una postulación a un anuncio de trabajo. Los trabajadores buscan tener un cierto grado de control sobre lo que le concierne a sus propias funciones. Por ejemplo, no importa si llegas tarde o si te vas antes de la jornada, siempre y cuando cumplas con tus asignaciones diarias.

Este es uno de los ejemplos de estrategias aplicadas en organizaciones con horario flexible. Otras formas que incentivan a la autorrealización lo son el permitirle el estudio a los trabajadores o darles una compensación por gastos de estudios.

Como lo podemos ver, la teoría de jerarquización piramidal de las motivaciones de Maslow como pionera es una de las completa y compleja de todas convirtiéndose en el clásico más leído, estudiado y recordado por todos sobre se tema.

Teoría del factor dual de Herzberg[2]

Dentro del amplio mundo de la gestión administrativa empresarial un psicólogo llamado Frederick Herzberg ganó renombre al publicar los resultados de su estudio en el cual se valió de la encuesta como método de recolección de datos. Él encontró que la gran cantidad de los encuestados coincidían en la existencia de dos factores que dependían de si estaban satisfechos o no siendo de la siguiente manera:

Factores higiénicos o aquellos que hacen referencia a todo lo externo a la tarea que realiza el trabajador como lo vienen siendo. Factores económicos que incluyen sueldos, salarios, prestaciones. Condiciones físicas del área de trabajo como iluminación y temperatura adecuadas, entorno físico seguro. La seguridad de privilegios de antigüedad, procedimientos sobre quejas, reglas de trabajo justas, políticas y procedimientos de la organización. Los factores sociales que comprenden oportunidades para relacionarse con los demás compañeros. Por último el estatus basado en títulos de los puestos, oficinas propias, privilegios, combinado con el control técnico.

Factores Motivadores o los que involucran el trabajo directamente y también al propio trabajador. Estos factores abarcan desde las áreas estimulantes como las posibilidad de manifestar la propia personalidad hasta el espacio de desarrollarse plenamente.

Para esto es importante considerar los sentimientos de autorrealización, con la certeza de contribuir en la realización de algo de valor. El reconocimiento de una labor bien hecha como confirmación de que se ha realizado un trabajo importante. La oportunidad de realizar cosas interesantes como logro o cumplimiento, mostrando confianza otorgando mayor responsabilidad. El logro de nuevas tareas y labores que amplíen el puesto y brinden un mayor control del mismo.[3]

Esta dualidad descrita que Herzberg nos refiere es bastante relevante porque indica que todo líder debe saber identificar todo aquello que pueda influir en el personal, sin importar que sean elementos tangibles o intangibles.

Teoría de las tres motivaciones de McClelland[4]

Desde 1984 los estudios de McClelland vienen apuntando a resultados bastante específicos que mencionan tres tipos de motivaciones que a criterio de él son las que más le dan impulso a ser humano.

Primero tenemos al *logro*, que describe esa necesidad humana por sobresalir y resaltar de entre los demás lo que impulsa a los individuos ponerse metas, establecerse objetivos y planes con plazos de tiempo bien determinados y definidos que permitan sumar cada vez a su currículo. Por lo general, las personas que viven por y para el logro son seres que desarrollan un grado de aislamiento social, puesto a que las actividades que realizan ameritan de toda su concentración y piensan que las demás personas pueden hacerles perder el enfoque, también desarrollan inseguridades por lo que necesitaran siempre de una constante retroalimentación.

Seguidamente esta la motivación de *poder*, las personas que son afines a este tipo de impulso, a diferencia de las anteriores, son muy sociables, tienden a desarrollar una cierta *simpatía* aderezada con *carisma* para agradar a otros y lograr hacerse con una imagen atractiva para los demás, esto con el propósito de conformar un séquito de seguidores para luego manipularlos y orientarlos al logro de sus planes personales, sus seguidores le harán sentir prestigio y adoptaran las ideas que este les imponga. Se dice también que si la persona busca someter y avasallar a otros esta será considerada como negativa, y será positiva si la persona usa el poder para inspirar a otros de una manera más sana.

Por último, McClelland indica la motivación de la *afiliación*, que involucra a las personas que tienen una necesidad de estar o sentirse acompañadas, el deseo de formar parte de un grupo grande y que este grupo pueda garantizarle ciertos beneficios *exclusivos*. Es común ver en las películas adolescentes el muy selecto equipo deportivo masculino, que tiene como contraposición femenina al equipo de porristas que de manera anual hacen audiciones para reclutar a nuevos miembros de un montón de aspirantes. La motivación de afiliación lleva a las personas a establecer relaciones interpersonales que conllevan al logro en conjunto.

Teoría de X y Y de McGregor[5]

Esta es una teoría bastante particular en su modo de definirse y aplicarse, nace de Douglas McGregor en El Instituto de Tecnología de Massachusetts en 1960. Esta teoría se podría decir que se deriva la teoría motivacional propuesta por Maslow. Lo que hace tan particular a esta teoría es que muestra dos vertientes que se podrían interpretar como una tesis "X" y su antítesis "Y", y lo que la hace similar a la de Maslow es su aplicación de campo.

Dentro de la teoría "X" se puede ver que su autor asegura que las personas son no tienen interés en superarse, no buscan el logro, lo único que les motiva son las necesidades básicas fisiológicas y por lo tanto se requiere de alguien que los dirija de modo muy opresivo ya que estos quieren ser dirigidos porque no desean asumir responsabilidades.

En contraste McGregor nos trajo la teoría "Y" no trae algo diferente y es que en este el trabajador es un ser con interés propios, tiene su auto liderazgo y se motiva así mismo al logro, es solo que necesita que se cumplan una serie de condiciones para que el trabajo pueda fluir con facilidad, ellos buscan responsabilidades que les permita hacer mérito para mejorar sus condiciones como las de autodirigirse o tener cierta autonomía que le permita trabajar de acuerdo a sus posibilidades sin el menoscabo de sus condiciones salariales.

Como Bonus la teoría "Z" vino con los años para complementar un poco las teorías motivacionales de McGregor y con esta última propone que los trabajadores tienen dificultades para separar sus vidas laborales por lo que existirá una clara tendencia del trabajador por tomar un trabajo para toda la vida, por relacionarse más con compañeros de trabajo, por ver el entorno laboral como un hogar y una familia.

Las Teorías de Proceso

Las teorías del proceso a diferencia de las anteriores son aquellas que principalmente se ocupan de estudiar, pero de forma muy detallada los requerimientos y estímulos que incitan la conducta de los trabajadores en este caso para responder al arranque de la conducta individual, como esta se puede dirigir, mantener y seguir hasta el último proceso. Son básicamente tres teorías, la teoría de las expectativas, la teoría de la equidad y la teoría de fijación de metas.

La teoría de las expectativas de Víctor Vroom[6]

La Teoría de la expectativa de Vroom relaciona tres elementos que al combinarse sugieren una fórmula *Fuerza motivacional* = *Expectativa x Instrumentalidad x Valencia*. Sin la presencia de estos tres elementos la formula falla y por lo tanto no hay motivación consisten en:

Expectativa. En este se hace necesario que se indague en los deseos individuales del trabajador para conocer qué es lo que lo motiva y en función a eso conducirlo al logro.

Instrumentalidad. El segundo elemento va de la importancia de hacerle entender al trabajador de que forma parte de una maquinaria bastante grande, de que su trabajo es de vital importancia y que sin su labor el resultado final no será el mejor. Con esto se pretende inflar orgullo al trabajador y mejore su calidad de servicio.

Valencia. El tercer elemento de la fórmula de la teoría de la expectativa de Vroom es va orientada a lo que valora cada empleado; puede ser el sueldo, regalos, horas libres, vacaciones, cualquier incentivo, etc. Se pretende entonces determinar lo más valorado por los empleados así como el valor que le da cada uno a su trabajo para determinar la estrategia más apropiada para un mejor resultado.

La teoría de la equidad de Adams[7]

Postula que los empleados establecen comparaciones entre sus esfuerzos y sus recompensas, es decir que tiene que haber una justa distribución entre lo que recibes por lo que das de manera laboral. Esto también debe de ir de la mano con la funciones y logros que hacen y reciben los compañeros de trabajo, por lo que si mi función es algo y mi paga es algo, entonces no debería de haber alguien igual a mi haciendo menos y ganando más. *Existe equidad cuando los empleados perciben que la relación entre los insumos (esfuerzos) y sus resultados (recompensas) es equivalente a la relación de otros empleados.*[8] Entonces bien, se entiende que si no hay un correcto equilibrio entre alguna cosa y la otra, se puede generar una atmósfera bastante desfavorable que traerá una influencia muy negativa en los trabajadores.

La teoría de la fijación de metas de Locke[9]

Por último, tenemos a la más alentadora de todas teorías, en esta se hace mención de establecer metas, estas con el propósito de ponerles retos a los empleados. De acuerdo con el autor, las metas deben:

- Ir desde simples a complejas, y alcanzarse de forma gradual.

- Ser claras y establecer el nivel de desempeño que requieran, así como la recompensa que proporcionan.

- Deben considerar las diferencias individuales de las personas.[10]

Estos requisitos anteriores busca darle impulso al trabajador, de manera a que su trabajo apunte siempre a mas, para que supere siempre el trabajo hecho con anterioridad y comience a cambiar, para bien, los estándares de calidad del producto o servicio.

TEORÍAS DE LIDERAZGO CONTEMPORANEO

"Los líderes promedio elevan los estándares para sí mismos,
los buenos líderes los elevan para otros. Los grandes líderes
inspiran a los demás a elevar sus propios estándares"
- Orrin Woodward

Liderazgo Transformacional

EL LIDERAZGO transformacional es uno de los estilos de liderazgo más valorados actualmente, ya que es muy completo y se adapta muy bien a las necesidades del momento. Este término fue introducido a finales de los 70 por James McGregor Burns, y desarrollado por Bernard M. Bass. Según estos dos autores, el líder transformacional se define por un set de características determinadas que buscan transformar a las personas, sacando sus mejores cualidades a flote.

Para empezar, este líder fomenta la participación creativa de los integrantes de su equipo. Invita a los empleados a aportar opiniones e ideas, y premia la creatividad ya que la considera necesaria para lograr un cambio significativo. Esto motiva al empleado, lo que promete resultados positivos reales.

El líder transformacional cree en las aptitudes de los miembros de su equipo y sabe cómo orientar las habilidades únicas de cada uno. Este tipo de líder también tiene una gran capacidad de empatía y comunicación; por ende, crea vínculos con cada miembro del equipo y se preocupa por ellos. Esto inspira compromiso y lealtad por la compañía, y hace que el equipo sienta confianza y esté seguro.

Este tipo de líder tiene como prioridad el motivar a su grupo. Esto se debe a que conoce a cada miembro de manera individual y sabe cómo inspirarlos a todos. El líder transformacional no teme enfrentarse a los riesgos, ni superarlos. La capacidad de adaptación en estos líderes, es enorme, así como su esfuerzo para lograrlo.

El líder transformacional es aquel que se concentra en usar el capital humano de su organización para alcanzar las metas. Este líder entiende que la empresa solo puede evolucionar a través de sus miembros. Por ende, los valora, los motiva y los invita a participar.

Si bien esta forma de liderar es una de las más destacadas, hay que tener en cuenta el tiempo que conlleva ver los resultados. La estructura empresarial es importante para tener una base de la que sea fácil comenzar.

Aunque el esfuerzo sea esencial para estas transformaciones, una de sus grandes ventajas, es que los objetivos y el panorama de los empleados cambian definitivamente de forma positiva. Este tipo de liderazgo también puede ser muy provechoso, dado que transformar y hacer crecer a los empleados de siempre, evita tener que pasar por los gastos y malos momentos de despedir y contratar nuevas personas. Nadie quiere llegar a este extremo, por eso es que este método es tan ideal.

Steve Jobs fue un líder a destacar de los que mantuvo estas formas. Educar a los empleados para que tengan una mejor imagen de la practicidad y la sofisticación es fruto de esta táctica.

Influir de manera positiva para generar un cambio auténtico en los empleados lleva tiempo, pero es tan gratificante como rentable.

Liderazgo Laissez-Faire

Como su nombre lo indica, este estilo de liderazgo es liberal, y el objetivo principal es crear un equipo que sea independiente del líder. Es decir, el líder asume un papel mucho más pasivo; se encarga de determinar objetivos y le facilita a los miembros del equipo los recursos necesarios, pero estos tienen mayor libertad y poder de decisión.

Este tipo de líder se caracteriza por "hacer y dejar hacer". En el liderazgo laissez-faire, los miembros del equipo tienen el poder ya que se asume que son personas profesionales y preparadas para tomar decisiones difíciles. Este tipo de liderazgo puede ser un problema si los miembros del equipo no tienen la capacidad de manejarse por sí solos.

En el liderazgo laissez-faire, el líder influye poco en la manera en que se obtienen los objetivos. Sin embargo, sí se encarga de definir reglas y expectativas, y puede ocuparse de los asuntos más importantes de la empresa. Mientras más delegue a los trabajadores, tendrá más tiempo para otras cosas. De este modo, los empleados pueden desarrollar toda su eficiencia y perfeccionarse. La creatividad e ideas fluirán de manera sobresaliente y conjunta. Mientras tanto, el líder se mantiene neutral e interfiere poco en el proceso de los miembros del equipo. Solo participa cuando es necesario o si se solicita su ayuda, pero no hace ningún tipo de evaluación o intervención innecesaria.

La naturaleza de este tipo de liderazgo no es factible para muchos, en especial para aquellos que creen que es necesario tener una figura que imponga el orden. Sin embargo, el liderazgo laissez-faire presenta muchas ventajas. Hace que la empresa sea más autónoma ya que puede seguir funcionando sin la presencia de su líder. Los empleados tienen mucha más libertad, y por ende trabajan con menos presión, sin mencionar que tienen mayores posibilidades de ascender.

Mientras que este tipo de liderazgo difiere del paradigma habitual, sus cualidades son muy atractivas para muchas empresas, debido a que los resultados que se obtiene de sus empleados, terminan siendo muy satisfactorios. Por ejemplo, una de las actitudes que se destaca de un grupo con líder liberal, es la motivación de quienes conforman el equipo de trabajo. Debido a la autonomía que este equipo posee, la motivación y los buenos resultados crecen.

Warren Buffet, uno de los inversores y empresarios más grande del mundo, es un claro ejemplo de que este tipo de líder es totalmente eficaz. Su secreto se basa en trabajar con personas de su máxima confianza.

Si bien mantener un liderazgo laissez-faire significa desligarse de muchos asuntos, esto no quiere decir que la figura del líder esté ausente.

Liderazgo Transcultural

Al liderazgo transcultural, recientemente se le está dando la debida importancia. El foco actual es distinto que el de antes, por la globalización y la tecnología, las cuales demandan este tipo de intervención en sus empresas.

El encuentro entre diferentes culturas puede ser muy beneficioso. Cada persona dentro de la organización piensa, siente y actúa de manera diferente, y esto puede ser una gran ventaja debido a su diversidad. El liderazgo transcultural se basa precisamente en integrar e incluir a las diferentes culturas, formas de pensar e ideologías presentes en la empresa. Este tipo de liderazgo busca romper las barreras culturales y unir las distintas formas de pensar de cada miembro, ampliando así su poder de crecimiento.

El líder transcultural se caracteriza por conocer a los miembros de su equipo y tener sensibilidad ante la postura de cada quien, considerando las ideas y propuestas de todos por igual. Este tipo de líder considera las diferentes culturas presentes en la empresa y se familiariza con los aspectos principales de cada una para entender cómo afectan a los individuos. Es un líder adaptable, flexible, asertivo, empático, tolerante e informado. Su enfoque es promover el aprendizaje y crear un espacio donde los diferentes puntos de vista se puedan analizar.

El liderazgo transcultural es una manera maravillosa de evitar el prejuicio, conocer los valores que brinda cada cultura, y sacar partido de las distintas habilidades que cada quien aporta a la empresa. De esta forma, la participación de todos no solo beneficiará a la empresa, sino a las culturas en sí.

No es sorprendente que el liderazgo transcultural lleve tiempo y sea complicado, conlleva familiarizarse con cada cultura presente en la empresa y descubrir cómo integrarlas a todas. Sin embargo, vale la pena el esfuerzo, puesto que se puede aprovechar enormemente la mezcla de las mismas.

El líder transcultural es imprescindible, sobre todo en la actualidad, donde podemos crear relaciones laborales, a distancia incluso, con personas que están fuera de nuestras fronteras. Si la empresa que se maneja tiene un equipo diverso en cuanto a culturas, entonces este tipo de liderazgo es uno a tener en cuenta para su funcionamiento.

Los proyectos necesitan ser dirigidos por líderes capaces de comprender la heterogeneidad cultural de cada integrante del grupo. Esto aumentará las oportunidades de crecimiento, y será beneficioso para el desarrollo de tareas.

Liderazgo Situacional

El liderazgo situacional se basa en analizar cada situación específica, tomando en cuenta el nivel de madurez de los miembros del equipo, para poder adoptar un estilo de liderazgo que se adapte a dicha situación y nivel de madurez. En otras palabras, se trata de encontrar el tipo de liderazgo idóneo para cada situación. De esta manera, se obtiene una respuesta eficaz para cada momento y de acuerdo a las necesidades de los empleados.

El líder situacional debe poder cambiar su manera de interactuar y abordar las tareas según la situación y las condiciones del equipo. Este tipo de líder debe ser capaz de identificar las actividades necesarias para llevar a cabo el trabajo de manera eficaz. También es su deber establecer las habilidades y conocimientos necesarios para llevar a cabo cada tarea. El líder situacional debe valorar el nivel de competencia y el nivel de motivación de cada integrante del grupo. De igual manera, debe estar al tanto del desarrollo y nivel de madurez de cada uno de ellos. Para esto, es necesario tener un diagnóstico exacto del personal.

Será importante saber determinar las habilidades y conocimientos, establecer e identificar las funciones correspondientes, y evaluar el nivel de la competencia. Estas serán algunas de las tareas a llevar a cabo para determinar qué estilo de liderazgo es el más conveniente.

Fomentar la participación en la toma de decisiones también será algo fundamental, así como apoyar y motivar al equipo a que intervenga y participe.

El trabajo de base de todo líder situacional, consiste en seleccionar y llevar a cabo el estilo que mejor se adapte a cada situación. Para hacer esto, debe familiarizarse con los modelos de liderazgo contemporáneo y saber aplicarlos cuando llegue el momento. Esto crea el ambiente para promover una mayor interacción entre el líder y el equipo.

Liderazgo Disruptivo

El liderazgo disruptivo se basa en cambiar la manera en que los miembros de un equipo piensan o actúan. Se trata de innovar, lo que conlleva a cierto nivel de interrupción o alteración del status quo. Este tipo de liderazgo introduce la disrupción bien ejecutada para obtener mejores resultados. Se caracteriza por buscar mejores soluciones y maneras diferentes de llevar a cabo los procesos. Se lo conoce a este tipo de líder por no temer a sacudir las cosas y hacer grandes cambios para obtener los resultados que necesita. Hará lo que sea necesario para su empresa. Unos de los líderes disruptivos mejores conocidos, son Steve Jobs y Richard Branson. Estos dos líderes son conocidos por el gran crecimiento empresarial que lograron. Los desafíos no fueron impedimento para ninguno, ya que supieron cómo sobrellevarlos. Reinventarse de manera constante y hacerle frente a la posibilidad del fracaso son cosas a tener en cuenta para ser un exitoso líder disruptivo, tanto Steve como Richard son un fuerte ejemplo de esto.

Este modelo de liderazgo puede ser altamente efectivo ya que la innovación lleva a la creación de valor y propician el cambio. El líder disruptivo trabaja de manera constante para mejorar su empresa, haciendo los cambios que considera necesarios y cuando los considera necesarios.

Siempre está en busca de las mejores soluciones y de los mejores procesos para crear un impacto mayor. Los líderes disruptivos integran a los miembros de su equipo en el proceso, son transparentes y permiten que los involucrados tomen decisiones.

El líder disruptivo es conocido por no ser capaz de comunicar con claridad lo que quieren, cuándo lo quieren y por qué lo quieren. Sin embargo, participan en la acción necesaria para que su visión se haga realidad. Estos líderes tienen un gran panorama creativo, prosperan en la incertidumbre, y esperan que los miembros de su equipo estén siempre a la altura de las circunstancias.

Además de aportar ideas innovadoras que salgan del margen de lo tradicional, los líderes disruptivos tienen una gran capacidad preventiva. La forma en la que encaran el entorno y los cambios del mismo, los vuelven eficaces.

Dentro del mercado, las empresas deben adaptarse a los constantes cambios para no ser opacadas por el resto. Este tipo de innovación disruptiva lo hace posible.

Un factor propio de este método, es que los líderes están preparados para lo que sea. Volviendo a la lista, aparece Steve Jobs, un líder que destacó por su creativa visión e iniciativa, demostrando lo importante que es estar preparado ante cualquier situación.

Ser un líder disruptivo capaz de infringir ciertas reglas y procedimientos, puede que sea el motor impulsor que motive a los empleados. Animarse es clave.

Liderazgo Ágil

El liderazgo ágil, como su nombre lo indica, consiste en poder reaccionar rápido a los cambios, anticiparse a ellos o incluso iniciarlos. El líder ágil se caracteriza por su visión, su capacidad de colaboración y su creatividad; características que a menudo conllevan a la agilidad. Sin visión, el líder ágil no será capaz de trazar una dirección para su equipo; sin colaboración, no puede haber avance; así como sin creatividad, es imposible descubrir nuevas rutas o acciones que conlleven a un éxito mayor.

La agilidad en este caso no se trata solo de rapidez, se trata de una mayor capacidad de adaptación a los cambios, y de poder modificar la dirección de la empresa antes de encontrarse en medio de una tormenta. Para este modelo de liderazgo, la información es muy importante. Cuanta más información se obtenga, mayor será la seguridad. Es cierto que no siempre se obtendrá toda la información necesaria. Sin embargo, esto no detiene a un líder verdaderamente ágil. Estos se lanzan hacia el otro extremo, ya sea estando armados con información o creatividad, y generalmente alcanzan sus metas. Si se caen, se vuelven a levantar.

El líder ágil no teme tomar decisiones sobre el rumbo y la alternativa más ventajosa. Tiene mayor resiliencia para adaptarse a distintas situaciones y son muy flexibles emocionalmente. Son productivos en la incertidumbre ya que no le temen al fracaso; lo ven como un paso más hacia el éxito. Por ende, son más asertivos y son habilidosos al momento de capacitar a su equipo para que adopten estas mismas características.

Dentro del liderazgo ágil, los hechos cuentan más que las ideas. No solo se trata de promover un cambio, sino que de serlo. El ejemplo debe ser algo primordial para que el resto del equipo se acople. El líder que busca ser buen modelo, procura trabajar en sí mismo antes, para marcar así un patrón destacable.

La mejora de las empresas con un líder ágil, se debe al potencial del equipo que es llevado al extremo, por lo que la accesibilidad y honestidad de quien esté al frente será fundamental para la creatividad del grupo.

La forma de percibir las ideas es igual de importante. Los ángulos desde los que se miren las distintas situaciones permitirán un mejor enfoque en los asuntos más prioritarios, logrando así concentrarse en lo que requiere más atención.

Todos estos tipos de liderazgos son eficientes, siempre y cuando se cumplan las reglas de cada método. Será posible el éxito para aquél que sepa elegir, y algo muy importante es seguir una vez que se haya escogido un camino. Al ser un buen líder, el resto del equipo se adaptará, y juntos podrán llevar a cabo el funcionamiento de cualquier empresa.

10

RETOS DE CARA A LA TERCERA DÉCADA

"Si tus acciones crean un legado que inspira a otros a soñar
más, aprender más, hacer más y ser algo más, entonces eres
un gran líder"
- Dolly Parton

Los RETOS en el liderazgo que se presentan están primeramente
relacionados a los nuevos valores de las generaciones emergentes, algo que ha sido abordado en este ejemplar. Es necesario
desarrollar las destrezas de liderazgo necesarias para la optimización de recursos multiculturales e intergeneracionales
mediante el reconocimiento de la diversidad en las empresas.[1]
Las generaciones traen unas características que en su conjunto
representan una cultura, por llevarlas en común.[2] Existen
también otros retos de carácter global, esos que algunos llaman
crisis. En concreto esos retos para los que las organizaciones, los
líderes y cada individuo independientemente de su rol social
tienen que preparase son: rotación de talento en las organizaciones, los cambios en la macroeconomía, las limitaciones en la
microeconomía, transiciones a nuevas tecnologías, mercados

globalizados, sostenibilidad ecológica, problemas migratorios y de derechos humanos, y el deterioro en la estabilidad geopolítica.

Rotación Constante del Talento en las Organizaciones

Las características que deben estar presentes en la cultura de una organización son la innovación y toma de riesgos, atención a los detalles, orientación a los resultados, orientación a la gente y a los equipos, el dinamismo y la estabilidad.[3] De estos, las características más importantes para los millennials y centennials son el espacio para la innovación y con ello entra el crecimiento o desarrollo profesional, y la orientación a la gente porque ellos necesitan sentirse identificados con las causas y valores de la empresa.

El problema de la rotación constante del capital humano en los empleados de las generaciones Y y Z representa un gran problema para las empresas, afectando directamente las finanzas y la imagen de estas. La falta de retención del talento en estas poblaciones puede traer consigo un costo por la perdida de empleado. Algunas razones para ello son la reducción de productividad por la disminución de la fuerza laboral, baja moral de los empleados por verse con mayor carga de trabajo para compensar por la pérdida de un empleado que en muchas ocasiones resulta en *burnout*; el costo de oportunidad en la contratación de un nuevo empleado, inversión adicional de recursos y tiempo para el adiestramiento del nuevo empleado y la recesión en la productividad que irá directamente proporcional a la curva de aprendizaje del nuevo empleado.[4]

Otros riesgos para considerar son la posible disminución en la calidad o cantidad de los entregables tanto antes como luego de la contratación de un nuevo empleado y una posible degradación en la imagen de la empresa a consecuencia a la tasa de rotación de los empleados. Esto último pudiera llevar a que se perciba como una empresa de cultura organizacional la cual no va acorde con los valores y exigencias de los empleados millenials y centennials.[5] Estos son sólo algunos de los problemas que se originan a raíz de la alta tasa de rotación en empleados jóvenes en las empresas, pero cabe mencionar que todos estos problemas no quedan limitados al listado expuesto. El desglose de las consecuencias tiene como propósito brindar un panorama sobre el alcance y la magnitud del problema planteado, mas no como un listado único y excluyente. Este discurso millennial y centennial busca interesar al liderato en la priorización de sus esfuerzos al momento de diseñar los planes estratégicos organizacionales, invisibilizando aquellos que no cumplen con las expectativas esperadas.[6]

Cambios en la Macroeconomía

La macroeconomía es la parte de la teoría económica que se encarga de estudiar los indicadores globales de la economía mediante el análisis de las variables agregadas. Estas variables son tales como el total de bienes y servicios producidos, el total de los ingresos gastos y el nivel de empleo el nivel de recursos productivos, la balanza de pagos el tipo de cambio, y el comportamiento general de precios entre algunas otras.

Esta enmarca lo que consume o produce toda familia del país o grupo de países, encargándose del estudio económico de cierta región país o incluso a nivel mundial. También está muy ligada a la toma de decisión y objetivos políticos de las naciones. Esto permite habilitarlos para poder crecer la economía de una región, conseguir estabilidad de precios, incentivar la creación de empleo y alcanzar en los países pueden tener una balanza de pagos sostenible y equilibrada en el tiempo. Es fundamental para analizar el nivel de vida de las sociedades del mundo, así como su desarrollo en el tiempo

Estudiar cómo funciona la economía en su conjunto explica el efecto de diversas políticas fiscales y políticas monetarias sobre el nivel de producción. Habilita a los lideres a examinar varios comportamientos económicos y políticos que afectan el consumo a nivel global. Muchas veces, cuando se habla del liderazgo empresarial, las decisiones de planificación y estrategia no pueden ser basadas enteramente en los factores propios de la empresa.

Es necesario tener al menos una idea generalizada de lo que está transcurriendo internacionalmente para poder tomar decisiones informadas. La empresas probablemente en mayor o menor grado tienen que interactuar con otras empresas de diferentes países. También las proyecciones que forman parte de la planificación deben estar propiamente situadas en su correspondiente contexto económico. Por ejemplo, no tendría sentido diseñar y crear un producto que forme parte de un mercado que se vislumbra va a desaparecer. Muchas veces, ese ha sido el problema de muchos de los países al momento de la planificación de proyectos. La falta de previsión de factores macroeconómicos que afectan directamente los proyectos propuestos.

Globalización digital

Thomas Friedman, periodista de The New York Times, en una conferencia en HSM Expo Management de 2016 dijo lo siguiente, "La era de la aceleración exponencial está destruyendo negocios en diferentes regiones del mundo y creando oportunidades fantásticas en otros". El mercado de consumo ha cambiado radicalmente. Se llama Globalización Digital, donde todo es digital, compartido, colaborativo y tecnológico. Las posibilidades comerciales se han multiplicado exponencialmente, y el entorno empresarial estable y predecible ahora es complejo e incierto.

Estamos experimentando un crecimiento tecnológico exponencial denominado revolución tecnológica, basado en la Inteligencia Artificial, la era cognitiva, las Tecnologías Embebidas y Móviles, la Computación en la Nube, Internet de las Cosas, Impresión 3D, Ingeniería Genética e innumerables otras tecnologías. Juntas, estas tres están creando una especie de perforación evolutiva. Y hay dos lugares donde las empresas pueden posicionarse: en el ojo del huracán, o en las paredes del huracán.

Las empresas que saben cómo lidiar con entornos complejos, incertidumbres y riesgos podrán estabilizarse ante el huracán. Todos los demás serán arrojados a los bordes del huracán, girando sin rumbo en un entorno caótico hasta quedar extintos.

La economía mundial se encuentra en una desaceleración. El crecimiento continúa debilitándose por el aumento de las barreras comerciales y las tensiones geopolíticas. El crecimiento también está siendo presionado por factores nacionales específicos en varias economías de mercado emergentes, así como por fuerzas estructurales, como el bajo crecimiento de la productividad y el envejecimiento demográfico en las economías avanzadas.

En contraste, con la debilidad del comercio y la manufactura, el sector de servicios continúa resistiéndose en casi todo el mundo, lo que ha mantenido el dinamismo de los mercados laborales y el vigoroso crecimiento de la factura salarial y el gasto del consumidor en las economías. Sin embargo, ya existen los primeros signos de una desaceleración en el sector de servicios en los Estados Unidos y la zona del euro.

La política monetaria ha sido importante para apoyar el crecimiento. Ante la ausencia de presiones inflacionarias y ante el debilitamiento de la actividad, los principales bancos centrales acordaron bajar las tasas de interés para reducir el riesgo de deterioro del crecimiento y evitar la caída de las expectativas de inflación.

La escalada de riesgos

Además, existen varios riesgos de deterioro del crecimiento. La intensificación de las tensiones comerciales y geopolíticas, incluidos los riesgos relacionados con el Brexit, podría perturbar aún más la actividad económica y obstaculizar una recuperación ya frágil en los mercados emergentes y las economías de la zona del euro. Esto podría conducir a un cambio brusco en la sensación de riesgo, disturbios financieros y una reversión de los flujos de capital hacia las economías de mercado emergentes. Sin embargo, en las economías avanzadas, la baja inflación puede echar raíces y restringir aún más el alcance de la política monetaria en el futuro, limitando su efectividad.

Políticas para revitalizar el crecimiento

Para dar un nuevo impulso al crecimiento, las autoridades económicas deben eliminar las barreras comerciales a través de acuerdos a largo plazo, contener las tensiones geopolíticas y reducir la incertidumbre en torno a las políticas internas. Estas medidas pueden ayudar a renovar la confianza y revitalizar la inversión, la fabricación y el comercio.

Para superar otros riesgos para el crecimiento y aumentar la producción potencial, la política económica debe apoyar la actividad de manera más equilibrada. La política monetaria no puede ser la única opción. Debe contar con el respaldo de la política fiscal, siempre y cuando tenga margen de maniobra y su orientación actual ya no sea demasiado expansionista. Aunque la flexibilización de la política monetaria ha respaldado el crecimiento, hoy es esencial adoptar una regulación macro prudencial efectiva para evitar la fijación de precios incorrectos de los riesgos y la acumulación excesiva de vulnerabilidades financieras.

Para que el crecimiento sea sostenible, es importante que los países lleven a cabo reformas estructurales para aumentar la productividad, mejorar la resiliencia y reducir la desigualdad. Las reformas en las economías de mercados emergentes y en desarrollo también son más efectivas cuando ya existe un marco para la buena gobernanza.

En resumen, la perspectiva global sigue siendo precaria, con una desaceleración sincronizada y una recuperación incierta. Ante estas condiciones, los lideres empresariales deben basar su planificación estratégica. Diseñar planes que no comprometan la integridad de las organizaciones ni la salud de las finanzas de estas. El sistema de comercio mundial debe ser mejorado, no abandonado. Los países deben trabajar juntos porque el multilateralismo sigue siendo la única solución para abordar cuestiones importantes, como los riesgos derivados del cambio climático, los riesgos de ciberseguridad, la evasión y evasión fiscal, y para abordar las oportunidades y los desafíos de tecnologías financieras emergentes. Es en este punto que los líderes empresariales pueden apalancarse para proponer estrategias que creen oportunidad de expansión y crecimiento para sus empresas.

Pequeñas y Medianas Empresas

Con los cambios de percepción en las generaciones emergentes y la inestabilidad en diferentes ámbitos, las pequeñas y medianas empresas, PyMES, se han presentado como una oportunidad económica para muchas personas. Este sector empresarial a su vez es parte de la solución para los problemas económicos de las naciones y sus problemas fiscales. Lo más saludable para la economía de un país es que esta sea diversificada y que su dinero se encuentre de forma descentralizada. Cuando esto no ocurre, el impacto en el desempleo tiene un gran impacto, ya que claramente con el cese operaciones en sola corporación de pierden más empleos que con el cierre de una pyme. Esto trae consigo un efecto en cadena que continua con la dependencia de ayudas económicas por parte de los gobiernos, cuyo dinero sigue siendo el de los trabajadores desempleados, y menor capacidad de respuesta y adaptación ante los momentos de crisis.

Pero aunque mi intención no es abrumarlos en demasía con una explicación técnica sobre todo lo que comprende lo relacionado a este tipo de empresas, si quiero despertar el interés en los lideres. Es importante que comprendan cuales son sus características, porque muy probablemente se encuentran trabajando o trabajaran en ellas. Y los líderes en este tipo de culturas tienden a tener mayor responsabilidad sobre el resultado de las organizaciones, mientras que también es posible que se les requiera adoptar un mayor numero de roles distintos.

¿Qué son las PyMES?

La Administración de Pequeñas Empresas, SBA por sus siglas en inglés, identifica una pequeña empresa como una con menos de 500 empleados para una empresa manufacturera, aunque algunos tipos de empresas manufactureras pueden tener hasta 1,500 empleados y aun así ser considerados una pequeña empresa. Otros tipos de empresas, como el comercio minorista o el servicio, tienen umbrales de diferentes tamaños para ser clasificados como pequeños. Las pymes, o pequeñas y medianas empresas, tienen ventajas que las grandes empresas no tienen. Las pymes son los mamíferos rápidos e inteligentes entre los dinosaurios gigantes de las grandes empresas.

Flexibilidad

Las pequeñas y medianas empresas tienen la capacidad de reaccionar rápidamente a los cambios en el mercado. No existe una jerarquía que ralentice el proceso de toma de decisiones. Si el dueño del negocio ve que hay una oportunidad para desafiar a un competidor, puede hacerlo sin obtener la aprobación de una junta directiva. Las descripciones de trabajo de los empleados también pueden ser flexibles, permitiendo que un empleado se ramifique más allá de sus deberes y mejore su valía para el negocio. Las grandes empresas a menudo tienen descripciones de trabajo inamovibles que obstaculizan el potencial de crecimiento de un empleado.

Espíritu de equipo

No es raro que dos personas trabajen para la misma gran empresa durante años y nunca se conozcan. Los departamentos están separados en diferentes pisos y edificios. La competencia entre departamentos por personal y recursos adicionales fomenta una mentalidad de "nosotros contra ellos". Una empresa más pequeña fomenta la camaradería en equipo. El propietario reconoce que cada empleado es crítico para el éxito del negocio. La capacitación cruzada ocurre naturalmente cuando un empleado cubre a otro durante vacaciones, enfermedades y licencia familiar.

Participación de la comunidad

Las pymes a menudo se involucran activamente en la comunidad, porque se ven a sí mismas como miembros de la comunidad y se preocupan por las personas que viven allí. Las grandes empresas son más independientes de la comunidad, especialmente si se trata de una sucursal o división de la gran empresa en lugar de la oficina central. Las grandes empresas tienen pocas dudas sobre mudarse a otra ciudad si tiene sentido desde el punto de vista financiero.

Interacción con el cliente

Cada cliente es importante para una PyMES. Las grandes empresas no tienen que depender de la repetición de negocios de ningún cliente individual y no necesariamente conocen a sus clientes como individuos. Una ventaja competitiva para la PYME es que la interacción del cliente con el equipo directivo se lleva a cabo de forma regular. El dueño del negocio sabe lo que sus clientes desean específicamente a través de sus correos electrónicos, llamadas telefónicas, reacciones al blog de su compañía y las plataformas de redes sociales. Luego tiene la oportunidad de satisfacer las necesidades de los clientes con productos adicionales, un cambio en los precios o mejoras en el servicio al cliente.

Creación de empleo

Las ventajas que tienen es la mayor cercanía con los clientes, la proximidad, la creación de empleo de las personas de la zonas limítrofes, levantando la economía local. Esto también les permite tener un conocimiento de primer mano sobre cuales son las necesidades y preferencias del mercado en el que participan, permitiéndoles diseñar productos más personalizados para su ventaja competitiva.

Desventajas de las PyMES

Menor capacidad económica

La capacidad para competir y probabilidad de acceso a financiación es menor, además de que las mejores condiciones son para las grandes empresas, como los famosos rescates millonarios que han realizado los diferentes gobiernos en momentos de crisis económicas. Cabe notar que es durante esos mismos periodos que desaparecen la mayoría de las pequeñas y medianas empresas.

Dificultad ante economías de escala

Muchas se les hace dificultoso maximizar las economías de escala, lo que representa cierta desventaja para poder competir empresas más grandes, las cuales ofrecen mejores precios en igualdad de condiciones.

Menores posibilidades de expansión

La financiación tiende a ser un poco menos accesible para las pymes, por lo que en momentos difíciles, tanto internos como crisis externas, se ven obligadas a cesar operaciones por falta de recursos para mantenerla adelante. Las grandes empresas suelen trabajar en cadena o con productos que tienden a la estandarización y por eso pueden permitirse unos mejores precios en ocasiones, sin embargo, hay muchos clientes que prefieren el trato personal que les ofrece una pyme además de unos productos más personales.

Desde la perspectiva de los empleados

A continuación, se enumeran algunas ventajas de trabajar en una PyMES:

Amplía el conjunto de habilidades del individuo. Trabajar en las PyMES conduce a una mejor comprensión del rol del trabajo, ayudando a desarrollar y ampliar el conjunto de habilidades de uno. Las pequeñas empresas preparan el conjunto de habilidades generales de sus empleados y fomentan su impulso empresarial. Obtienen una experiencia de primera mano en el trabajo para comprender y revisar mejor el negocio.

Avance en el gráfico de carrera. Con amplias oportunidades para aprender, todas las personas obtienen una plataforma para mostrar su talento hacia un progreso positivo en la empresa.

Ofrece una cultura laboral centrada en los empleados. Un lugar de trabajo más pequeño conduce a una mayor cohesión entre el equipo. Una cultura de trabajo centrada en los empleados conduce a una mejor comprensión entre los profesionales y una mayor transparencia en el flujo de trabajo, que es crucial para el crecimiento de una organización. A diferencia de una gran corporación, una PyMES crea una atmósfera más enriquecedora que la encontrada en empresas con miles de empleados.

Roles orientados al cliente que facilitan una mejor centrada en el cliente. Los empleados que trabajan en las pymes pueden tener un rol directo al cliente, principalmente, lo que permite a los empleados comprender mejor la solicitud de los clientes, para darles una solución individualizada.

Respuesta rápida al cambio. Con estructuras más simples permite que incluso los empleados de nivel novicio aprendan más sobre la industria de la compañía en comparación con los empleados de rangos similares en multinacionales colosales. Los empleados que trabajan en una pyme sienten íntimamente el pulso de su industria y son capaces de comprender y adaptarse más rápidamente a los cambios en su industria.

Mayor aprendizaje de las industrias de nicho. Muchas de las compañías más grandes del mundo también son clientes de compañías igualmente grandes. Esto a menudo significa que muchos de los segmentos de nicho más pequeños en una industria son atendidos por pequeñas y medianas empresas. Esto crea la condición ideal para que las pymes exploten esas brechas de oportunidad y permita a quienes trabajan allí obtener una mejor visión de las industrias y segmentos de mercado especializados.

Trabajar en cualquier organización abre caminos para muchas experiencias de aprendizaje. Las PyMES se distinguen de sus contrapartes más grandes debido a su capacidad para ayudar a los empleados a crecer de una manera que es única y distinta al tipo de crecimiento posible en las grandes corporaciones.

En la Vanguardia de la Tecnología

¿Irías en carabela a un viaje de negocio? Obviamente la respuesta sería la misma que si te preguntara si cambiarías tu ordenador por una maquinilla. Y es que la evolución de la tecnología no solo es inevitable, sino que es indispensable para mantener la efectividad en el desarrollo. En esta sección, no intentaré convencerlos de la necesidad de un líder de mantenerse al corriente de las tecnologías. Más bien le brindo un panorama "a vuelo de pájaro" sobre las tendencias actuales y como estas están irrumpiendo en la forma de manejar y operar en las organizaciones.

La tecnología de Realidad Virtual

La tecnología de Realidad Virtual ya es bien conocida y se ha popularizado en los últimos años por los nuevos avances y la comercialización de modelos más asequibles, pero es una tecnología con muchos años de viaje.

Aplicación en muchos sectores.

Si observamos los sectores empresariales, la Realidad Virtual aumenta su presencia en todos y lo hará con mayor fuerza en los próximos años. Sectores como ingeniería, salud, sector público, comercio minorista, videojuegos, eventos, entretenimiento o educación, entre muchos otros, son algunos de los sectores con una gran capacidad para el desarrollo de aplicaciones de realidad virtual.

Entrenamiento con realidad virtual

Desde una perspectiva transversal para todos los sectores profesionales, la capacitación será uno de los grandes espacios en los que la Realidad Virtual continuará agregando presencia. Desde pequeñas pymes hasta grandes corporaciones como la propia NASA, hoy en día ya hay muchas compañías que tienen planes de capacitación para sus empleados a través de dispositivos de Realidad Virtual.

Además de ofrecer tecnología con muchas posibilidades para transmitir conocimiento e interactuar con él, una vez que se realiza la inversión en cada plan de capacitación, se reduce el costo de la capacitación para los empleados. El empleado puede recibir capacitación en el uso de maquinaria pesada o peligrosa, o conocer los riesgos laborales de ciertas instalaciones, sin enfrentar los riesgos asociados con su manejo durante el período de capacitación.

También en el campo de la capacitación, su aplicación en el campo de la salud es interesante, con la recreación de simuladores de quirófano en los que los médicos o pasantes pueden intervenir y aprender como si se enfrentaran a una situación real.

Otras aplicaciones de esta tecnología en el campo comercial son, por ejemplo, la posibilidad de enseñar o demostrar productos incluso antes de que se hayan fabricado, a través de salas de exposición digitales o incluso comparar diferentes productos en la misma ubicación de forma virtual. Sectores como el mobiliario, la cerámica o la construcción, ya hacen un amplio uso de las posibilidades que esta herramienta puede ofrecerles.

Esto significa que ciertas empresas tendrán que adaptarse rápidamente a esta tecnología, significando un cambio profundo en la forma en que se lleva a cabo su proceso de comercialización y ventas: ferias comerciales, concesionarios de automóviles y motocicletas, empresas de capacitación. Sin duda, estas son experiencias muy positivas que fomentan la compra, mejoran el producto y el servicio al cliente y extienden el tiempo de conexión entre la marca y el consumidor.

El Internet de las Cosas

El Internet de las Cosas, IoT por sus siglas en inglés, es un concepto que se refiere a la conexión de cualquier objeto a la red. A día de hoy ya tenemos portátiles inteligentes, tabletas, televisores, videoconsolas e incluso electrodomésticos conectados a la red de Internet. Pueden parecer muchas "cosas", pero realmente es una ínfima parte de todos los objetos que nos rodean. La idea no es que solamente los dispositivos electrónicos estén conectados a la red, sino que todos los objetos, sean del tipo que sean, estén conectados.

Los dispositivos del IoT se han vuelto enormemente populares a medida que se vuelven cada vez menos costosos, con estimaciones que muestran que para 2025, hasta 75 mil millones de dispositivos IoT podrían estar en manos de los consumidores en todo el mundo.[7] La mayoría de las empresas están utilizando dispositivos IoT para tres cosas: monitoreo remoto, mantenimiento preventivo y seguimiento de activos.

Globalización

Los mercados interiores y exteriores constituyen el marco de actuación necesario para toda empresa que aspire a ser competitiva. Reflejo del entorno económico actual, caracterizado por ser extremadamente dinámico e incierto, es la utilización que del término globalización se hace hoy en día y, en muchos casos, desde una perspectiva muy amplia. Tal y como explica Zysman,[8] el concepto globalización se ha generalizado, por parte de los gobiernos y empresas, para hacer referencia a los continuos cambios que acontecen en el nuevo orden económico y a las estrategias diseñadas para adaptarse al mismo.

Globalización de mercados

Algunos expertos en economía describen la globalización de los mercados como el resultado de la "integración de la economía mundial que ha puesto al alcance de las manos factores, recursos, conocimientos, consumidores y otros elementos que contribuyen al desarrollo de las empresas".[9] De esta forma, el mercado global permite acceder a recursos humanos, financieros y naturales, a conocimientos y tecnologías en todo el mundo, constituyendo el marco de referencia obligado para cualquier empresa de cualquier sector.[10]

Globalización y la economía mundial

Los mercados donde la globalización es particularmente significativa incluye los mercados financieros, como los mercados de capitales, los mercados de dinero y crédito, y los mercados de seguros, los mercados de productos básicos, incluidos los mercados de petróleo, café, estaño y oro, y los mercados de productos, como los mercados de vehículos auto-motores y electrónica de consumo. La globalización del depor-te y el entretenimiento también es una característica de finales del siglo XX y principios del XXI, llegando a ser una de las prin-cipales en la actualidad, apalancándose de las redes sociales para su alcance masivo globalizado.

¿Por qué ha aumentado la globalización?

El ritmo de la globalización ha aumentado por varias razones:

• Los avances acelerado durante los pasados 40 años en la informática, transporte y las comunicaciones han. Internet ha permitido la comunicación global rápida e ininterrumpida. También el uso de contenedores ha permitido el envío de grandes cantidades de productos y mercancías a todo el mundo a un costo extremadamente bajo.

• Como ya mencionado, la proliferación de las redes socia-les ha significado que las fronteras nacionales se haya tornado irrelevantes en muchos sentidos. Los productores utilizan nuevas formas de comunicación con el mercadeo digital, incluido el micro marketing, para dirigirse a los consumidores internacionales. El uso generalizado de los teléfonos inteligentes también ha permitido a los compradores globales tener fácil acceso a los mercados globales '*virtuales*'.

• Los sistemas de pagos electrónicos, incluidas las billeteras electrónicas, el prepago y el pago móvil, las facturas electrónicas y las aplicaciones de pago móvil, también facilitan el aumento del comercio mundial.

• El aumento de la movilidad del capital el cual puede moverse libremente de un país a otro, es relativamente sencillo para las empresas ubicarse e invertir en el extranjero, y repatriar las ganancias.

• El desarrollo de productos financieros complejos, como los derivados, ha permitido que los mercados crediticios mundiales crezcan rápidamente.

• Aumento del comercio, que se ha vuelto cada vez más libre, luego del colapso del comunismo, que ha abierto muchos países ex comunistas a la inversión interna y al comercio global.

• El surgimiento de compañías multinacionales y transnacionales (MNC y TNC) y el aumento de la importancia de marcas globales como Microsoft, Apple, Google, Sony y McDonald's, han sido fundamentales para el surtimiento de la globalización. El impulso para reducir las cargas impositivas y evitar la regulación también ha significado el establecimiento de estructuras comerciales internacionales complejas.

Las ventajas de la globalización

La globalización brinda una serie de beneficios potenciales para los productores internacionales y las economías nacionales, que incluyen:

• Proporcionar un incentivo para que los países se especialicen y se beneficien de la aplicación del principio de ventaja comparativa.

• El acceso a mercados más grandes significa que las empresas pueden experimentar una mayor demanda de sus productos, así como beneficiarse de economías de escala, lo que conduce a una reducción en los costos promedio de producción.

• La globalización permite el acceso mundial a fuentes de materias primas baratas, y esto permite a las empresas ser competitivas en costos en sus propios mercados y en mercados extranjeros. Buscar los materiales más baratos de todo el mundo se llama abastecimiento global. Debido a las reducciones de costos y al aumento de los ingresos, la globalización puede generar mayores ganancias para los accionistas.

• Evitar la regulación al ubicar la producción en países con regímenes reguladores menos estrictos, como es el caso de muchos países en vías de desarrollo.

• La globalización ha llevado a un aumento de los flujos de inversión interna entre países, lo que ha generado beneficios para los países receptores. Estos beneficios incluyen el intercambio de conocimiento y tecnología entre países.

• A largo plazo, es probable que el aumento del comercio

conduzca a la creación de más empleo en todos los países involucrados.

Las desventajas de la globalización

También la globalización trae sus desventajas como:

• La estandarización excesiva de productos a través de la marca global es una crítica común de la globalización. Por ejemplo, la mayoría de las computadoras del mundo usan el sistema operativo Windows de Microsoft. Claramente, la estandarización de los sistemas operativos y plataformas informáticas crea considerables beneficios, pero los críticos argumentan que esto conduce a una falta de diversidad de productos, así como a presentar barreras de entrada a los pequeños productores locales.

• Las grandes empresas multinacionales también pueden sufrir des-economías de escala, como dificultades asociadas con la coordinación de las actividades de las filiales con sede en varios países.

• El aumento del poder y la influencia de las multinacionales también es visto por muchos como una desventaja considerable de la globalización. Grandes compañías multinacionales pueden cambiar sus inversiones entre territorios en busca de los regímenes regulatorios más favorables. Las empresas multinacionales pueden operar como monopolios locales de mano de obra y empujar los salarios por debajo del equilibrio del libre mercado.

• Los críticos de la globalización también destacan la posible pérdida de empleos en los mercados internos causada por el aumento y, en algunos casos, el libre comercio injusto. Esta visión sin duda explica el aumento del movimiento nacionalista en muchas economías desarrolladas, junto con el impulso por un mayor proteccionismo.

• El aumento en el ritmo de la desindustrialización, que es la lenta erosión de la base manufacturera de una economía.

• Los empleos pueden perderse debido a los cambios estructurales derivados de la globalización. Los cambios estructurales pueden conducir al desempleo y potencial la amplitud de la brecha entre ricos y pobres dentro de un país.

• Una de las críticas más significativas a la globalización es el mayor riesgo asociado con la interdependencia de las economías. Como los países dependen cada vez más entre sí, un shock económico negativo en un país puede extenderse rápidamente a otros países.

• La globalización genera ganadores y perdedores, y por esta razón es probable que aumente la desigualdad, ya que las naciones más ricas se benefician más que las más pobres. Se ha argumentado que la conciencia de la creciente desigualdad, junto con la pérdida de empleos, ha contribuido al aumento de los movimientos antiglobalización.

• El aumento del comercio asociado con la globalización ha aumentado la contaminación, contribuyendo a las emisiones de CO_2 y por consiguientes cambios en nuestro ecosistema.

• El crecimiento del comercio global ha acelerado el agotamiento de recursos no renovables como el petróleo.

Sostenibilidad ecológica

La sostenibilidad ecológica significa que, sobre la base de una perspectiva a largo plazo, conservamos la productividad de las aguas, el suelo y el ecosistema, y reducimos nuestro impacto en el entorno natural y la salud de las personas a un nivel que el entorno natural y la humanidad puedan manejar.

Los recursos de nuestro planeta son finitos. La explotación devaluada e insostenible del medio ambiente natural ha llevado a ecosistemas degradados e inestables, pérdida de biodiversidad, degradación de la tierra, agotamiento de recursos, aumento de la contaminación y cambio climático. El ritmo de explotación de nuestra abundancia anterior de combustibles fósiles ha intensificado en gran medida estas tendencias, lo que lleva a un aumento de la población y un mayor consumo de recursos que ahora excede la capacidad regenerativa de la tierra.

El consumo humano insostenible de los recursos de la Tierra negará a las generaciones futuras un mundo tan rico y complejo como el que disfrutamos actualmente. La tasa sin precedentes de extinción de especies observadas, degradación del ecosistema y, en algunos casos, colapso del ecosistema, es indicativo de los efectos que las actividades humanas ya están teniendo.[11]

El uso excesivo y la extracción de recursos naturales más allá de su capacidad de reposición está erosionando el capital de la naturaleza y al hacerlo comprometerá los servicios futuros esenciales que los ecosistemas pueden proporcionar. Nuestra salud, bienestar y economía dependen completamente del funcionamiento y la integridad de estos servicios del ecosistema: son un requisito previo para nuestra prosperidad futura y, en última instancia, la supervivencia.

Al estudiar la sostenibilidad, deben considerarse todos los dominios económicos, sociales y ambientales. Es importante comprender que el desarrollo sostenible requiere un sistema de actividad económica que sea compatible y no destructivo con las redes sociales ecológicas de la vida. Somos parte de estas redes, y nuestra salud, bienestar y vidas dependen de su interacción.

La economía humana ha cambiado desde la época en que el capital humano era mínimo. Hoy en día, el capital natural, que es el stock de recursos naturales, es un factor limitante para el crecimiento económico y el éxito. El aumento de la población humana, el crecimiento de la economía de un país y la explotación de los recursos naturales no propiedad o " bienes comunes ", son algunas de las principales razones detrás de esto.[12] La economía ecológica está impulsada por la creciente escasez de capital natural. Tal movimiento del mundo vacío a la mentalidad del mundo completo ha probado y superado los límites de nuestro planeta.

Relación entre la Economía y la Ecología

La economía y la ecología a menudo se enfrentan entre sí en el debate rentabilidad versus medio ambiente. Existe la percepción de que las empresas pueden prosperar financieramente o cuidar la tierra, pero no ambas. Sin embargo estas actividades no tienen que ser mutuamente excluyentes. De hecho, la ecología y la economía derivan de la misma raíz griega eco, que significa casa. Ecología es el estudio de la casa y economía es la administración de la casa. Esta etimología sugiere que los dos conceptos no son contradictorios, sino que en realidad son parte de la misma idea más amplia. Entonces, ¿podemos estudiar y administrar nuestra casa, la tierra, de manera que beneficie tanto a la industria como a la sociedad a largo plazo? Indudablemente, sí.

Una sociedad sostenible es aquella que se perpetúa a largo plazo y que produce materiales de desecho a un ritmo que no excede la tasa de reabsorción del medio ambiente. Dentro de este marco, una organización sostenible puede describirse como una empresa que proporciona a los clientes bienes y servicios para vivir una vida satisfactoria, al tiempo que mantiene un balance saludable y un equilibrio saludable con el mundo natural.

La creación de prácticas comerciales sostenibles para el medio ambiente solía considerarse una opción para las empresas, una actividad opcional para aquellas empresas que tenían el tiempo, la energía y el interés. Pero ahora se está convirtiendo en una preocupación más generalizada.

El mercado demanda productos más ecológicos que reflejen una gestión ambientalmente responsable. Los pasillos de los supermercados están llenos de productos que proclaman su respeto por el medio ambiente, desde detergentes sin fosfatos y papel sin ácidos hasta cartón reciclado y atún catalogado seguro para los delfines.

Los recursos materiales son cada vez más escasos, lo que resulta en un aumento de los costos de producción en muchas industrias. Por ejemplo, los productores integrados de acero prácticamente desaparecieron en los EE. UU. durante la década de 1980 porque los costos de la extracción de mineral de hierro se volvieron financieramente prohibitivos a medida que disminuía la disponibilidad de ese recurso.

¿Cómo pueden los gerentes de negocios pensar sistémicamente sobre un futuro sostenible? ¿Cómo pueden equilibrar las necesidades de prosperidad económica y supervivencia ecológica? Para abordar estos desafíos, las compañías necesitan expandir su pensamiento estratégico actual para incluir preocupaciones económicas y ecológicas, creando lo que W. Edward Stead y Jean Garner Stead llaman estrategias de sostenibilidad.[13]

El modelo mental

En la cultura industrial del siglo XX, prevalecieron varios modelos mentales que no respaldan un futuro sostenible. Para crear una realidad futura diferente, debemos comprender el impacto de estas creencias en nuestras acciones actuales, y considerar cómo estos supuestos podrían ser reformados para contribuir a la prosperidad global.

A la mayoría de nosotros se nos enseñó en la escuela que los procesos comienzan en el punto A y terminan en el punto B. Este tipo de pensamiento no considera las repercusiones sistémicas cíclicas de nuestras acciones bien intencionadas. Por lo tanto, a menudo nos sorprendemos cuando nuestras acciones originales producen consecuencias peligrosa. Considerando algunos casos, tenemos por ejemplo los tambores de productos químicos que enterramos "de forma segura" debajo de la tierra, ya hace 20 años que se han estado filtrando y contaminando el suministro de agua local. Cuantos productos que se han fabricado por las grandes corporaciones, generando millones de dólares en ganancias, ahora nos cuesta cientos de millones en limpieza ambiental e incalculable repercusiones negativas a la salud de todos.

Una visión sostenible ve un proceso cíclico de diseño,

producción y recuperación de recursos que luego se puede utilizar nuevamente en el proceso de producción.

En los primeros días de la Era Industrial, cuando la población mundial era una décima parte de lo que es hoy, prevaleció la percepción de que los recursos físicos eran ilimitados. Dada la suposición de bienes ilimitados y una capacidad infinita del sistema para absorber nuestros desechos, no había razón para centrarse en la eficiencia, reducir el desperdicio o reutilizar bienes. Podríamos generar desechos y simplemente tirarlos a la basura.

Hoy día sabemos que nada más lejos de la realidad. Una perspectiva más sostenible reconoce que no tenemos un suministro ilimitado de materia prima para trabajar, por lo que debemos ser más eficientes en nuestro uso de materiales. Además, debemos reconocer que la tierra es, de hecho, un sistema cerrado. No existe una distancia lo suficientemente "lejos" para arrojar nuestra basura, mi "lejos" es el patio trasero, el suministro de agua o el hogar de otra persona como lo diría en su Carta Encíclica Laudato si' el Papa Francisco sobre el cuidado de la casa común.[14] Los desechos que generamos y que no podemos reutilizar se convertirán en basura dispersa, lo que podría tener consecuencias potencialmente devastadoras para la supervivencia humana y la supervivencia de otros habitantes de la tierra.

Problemas Migratorios y Derechos Humanos

Los migrantes son una población particularmente vulnerable, pero han sido bajos, a menudo invisibles, en la agenda internacional de derechos humanos. Ninguna institución tiene un mandato comparable al papel de protección del El Alto Comisionado de las Naciones Unidas para los Refugiados (ACNUR) para los refugiados, y gran parte, quizás la mayoría, de la formulación de políticas migratorias nacionales tiene lugar fuera de un marco de derechos humanos.[15]

Aunque esta negligencia ahora se revierte de las formas que se revisan en este documento, el desafío de hacer cumplir los derechos humanos a nivel nacional e integrar los derechos humanos en las discusiones internacionales sobre gobernanza de la migración sigue siendo difícil y urgente.

Los derechos humanos de un migrante se definen en gran medida por la "categoría" de migración a la que pertenece y por las razones subyacentes de esa migración. En un extremo del espectro de derechos humanos / migración están los migrantes voluntarios, incluidos los trabajadores migrantes y otros migrantes económicos. En el otro extremo, más de 10 millones de refugiados se ven obligados a abandonar sus países para escapar de la persecución.[16]

Las víctimas de la trata ocupan un punto intermedio en el espectro. Tanto ellos como los refugiados tienen protecciones especiales de derechos en el derecho internacional. En el caso de los refugiados, estas protecciones se han convertido en un régimen de protección separado y bien establecido.

Los migrantes voluntarios, que constituyen la mayoría de los aproximadamente 185 millones de migrantes del mundo, están protegidos por los principios generales del derecho internacional de los derechos humanos y, cada vez más, por la Convención Internacional de las Naciones Unidas sobre la protección de los derechos de todos los trabajadores migrantes y sus familias que recientemente entró en vigor.

Derechos humanos y migración: ¿problemas paralelos o que se cruzan?

La migración y los derechos humanos se cruzan en varios puntos, comenzando cuando el migrante cruza una frontera, el acto que define la migración internacional. Si bien el derecho internacional de los derechos humanos reconoce el derecho a abandonar el país, no existe el derecho correspondiente a ingresar a otro país, incluso para un refugiado, sin el permiso de ese estado.[17]

Esto significa que cuando un estado decide que un migrante ingresó al país ilegalmente, esta decisión no es por sí misma, y si se toma adecuadamente, entra en conflicto con los principios de derechos humanos. Pero, lo que es más importante, el hecho de que un migrante ingresó o permaneció ilegalmente no anula el deber del estado según el derecho internacional de proteger sus derechos básicos sin discriminación, por ejemplo, contra la tortura, el trato degradante o el trabajo forzado.[18]

Esta compleja relación entre migración y derechos humanos es multifacética y se encuentra en todas las etapas del ciclo migratorio: en el país de origen, durante el tránsito y en el país de destino. Algunos migrantes, generalmente trabajadores calificados que se mudan para ocupar puestos profesionales en el sector formal, pueden tener relativamente pocos problemas de derechos humanos.

Violaciones de derechos a trabajadores inmigrantes

Los trabajadores no calificados, que constituyen la mayoría de los migrantes, son más vulnerables a las violaciones de derechos, particularmente cuando trabajan en el sector informal como trabajadores domésticos, por ejemplo. En el caso de aquellos que han sido traficados y explotados, o que son contrabandeados, esta vulnerabilidad es grave.

En la primera etapa del ciclo, los "factores de empuje" que desencadenan la migración pueden incluir violaciones de los derechos económicos y sociales a la atención médica, la educación y la vivienda adecuada. Las violaciones de los derechos civiles y políticos, incluso durante los conflictos civiles, que caen por debajo del "umbral" de persecución necesario para una solicitud de asilo exitosa también alimentan mucha migración.

La investigación sobre las razones por las cuales algunas mujeres corren un mayor riesgo de trata ha demostrado que el analfabetismo, la discriminación sexual consagrada en la ley y la práctica, la violencia contra las mujeres y las niñas, y el bajo estatus económico de las mujeres y las niñas, resultan en una mayor vulnerabilidad.

Las explicaciones de la migración, para encontrar trabajo, para asegurar un mejor sustento, que miran principalmente al futuro, han tendido a oscurecer este importante análisis. Se necesita más investigación que comience desde una perspectiva de derechos humanos. Este enfoque identificaría los factores de "empuje" y examinaría el grado en que los diferentes flujos de migración económica son, de hecho, voluntarios.

Una vez fuera de su país de origen, la vulnerabilidad de un migrante es el resultado de una serie de factores. Como desconocidos para una sociedad, los migrantes pueden no estar familiarizados con el idioma nacional, las leyes y la práctica, y por lo tanto menos capaces que otros de conocer y hacer valer sus derechos.

Pueden enfrentar discriminación, trato desigual y oportunidades desiguales en el trabajo; en algunos países, más de la mitad según una encuesta de la Organización Internacional del Trabajo (OIT),[19] la ley nacional de discriminación no se aplica a los trabajadores migrantes. En cualquier caso, es más probable que los migrantes trabajen en sectores donde las normas laborales no se aplican o no son aplicables.

Distintas formas de discrimen

El racismo y la xenofobia son problemas particulares, especialmente en muchos países europeos. En momentos de tensión política, los migrantes pueden ser los primeros sospechosos, o los chivos expiatorios, como riesgos de seguridad. Al vincular las medidas antiterroristas y el control de la inmigración en el contexto de la "guerra contra el terrorismo", muchos gobiernos han alentado, y pueden ser debatido si con toda la intención de hacerlo o no, a la xenofobia contra los migrantes y refugiados.

Cuando un migrante ingresa a otro país ilegalmente o legalmente y luego pierde su estatus legal, aumenta la vulnerabilidad al abuso y la explotación. Los trabajadores migrantes irregulares "caen fácilmente presa", en palabras de la OIT, por abuso y explotación por parte de empleadores, agentes de migración y bandas criminales.[20]

Las mujeres en situación irregular son doblemente vulnerables debido a su condición y al alto riesgo de explotación sexual. Si bien el derecho internacional de los derechos humanos reconoce el derecho a abandonar el país, no existe el derecho correspondiente a ingresar a otro país sin el permiso de ese estado.

Causas de la migración

En la mayoría de las ocasiones, quien deja atrás su país no lo hace por capricho. Guerras, catástrofes naturales, persecución política y étnica y falta de oportunidades son algunas de las causas detrás de los movimientos migratorios, y pueden afectar de forma muy variada a las personas.

Asilo político: Ocurre en el escenario que la situación política de un Estado acarrea cierto grado de represión hacia la disidencia política. En este caso, un individuo disidente puede decidir abandonar el país por miedo a represalias, tales como encarcelamiento y torturas.

Asilo humanitario o económico: Cuando el individuo decide migrar de su país de origen por motivos relacionados con la pobreza, se suele hablar de asilo humanitario o económico.

Migración cultural: el migrante decide abandonar su país de origen hacia la búsqueda de una mejor educación o mejores oportunidades.

Migración familiar: Si la migrante toma la decisión de abandonar su país para reencontrarse con familiares que se encuentran en otro Estado

Migración por causas bélicas: Cuando un país o región se encuentra bajo un conflicto bélico, la población puede decidir abandonar sus casas para escapar del peligro que supone la guerra, no solo en su vertiente puramente violenta, sino también por la escasez de recursos que provoca.

Migración por catástrofe humanitaria: una región o un país ha sido arrasado por una catástrofe natural, como un tsunami o un terremoto, las personas oriundas de ese sitio pueden migrar buscando rehacer sus vidas en un territorio más estable.

Consecuencias de la migración

Psicológicas

Alejarse del lugar en donde uno se ha criado y dejado atrás a todos sus seres queridos puede resultar algo muy impactante. Esto se vuelve especialmente traumático cuando se huye del país de origen, ya sea por motivos políticos o por algún desastre natural, en los que la huida supone una situación de vida o muerte.

Económicas

Los movimientos migratorios pueden tener varias repercusiones, no únicamente en el país al que van a parar, sino también en el de origen. En muchas ocasiones las personas migran de forma multitudinaria, lo cual disminuye considerablemente la población de su país.

Esto supone una reducción del desempleo, dado que muchas personas migrantes deciden abandonar su país al ver que no logran encontrar trabajo y, los que se quedan, se benefician de la menor competencia laboral. Las personas migrantes envían dinero a sus familiares, ayudándoles en la economía familiar y permitiéndoles subsistir.

En cuanto al país receptor, la llegada de personas jóvenes permite que se ocupen empleos que la población nativa no está dispuesta a hacer, por ser trabajos poco cualificados y mal pagados.

Sin embargo, también hay repercusiones negativas. Si el país de origen ya era pobre de por sí, el hecho de perder a personas económicamente activas supone un obstáculo añadido. También, al perderse población se pierden posibilidades de consumo y, aunque se envíe dinero a las familias, éste viene muy fraccionado, lo cual no les permite salir de la pobreza.

Socioculturales

Las personas migrantes tienen sus propias tradiciones, lengua, religión y formas de comportarse, las cuales pueden ser muy diferentes de las de la sociedad receptora. Esto puede ocasionar dos fenómenos, dependiendo de cómo sea la interacción entre los foráneos y los nativos.

La llegada de personas de otras culturas puede suponer un enriquecimiento de la sociedad receptora, volviéndose más abierta y plural al convivir diferentes grupos étnicos en ella.

Por otro lado, pueden surgir ideas xenófobas en la población nacional, que consideran que la llegada de extranjeros desvirtúa la sociedad, viéndolos como personas peligrosas y que contaminan la cultura propia o directamente la están haciendo desaparecer.

Políticas

La llegada de inmigrantes puede motivar la elaboración de leyes de inspiración xenófoba, como aquellas que prohíben el uso de vestimentas tradicionales de otros países o que niegan el derecho asistencial a las personas en situación irregular.

También pueden implantarse leyes que tienen el propósito de seleccionar a aquellos inmigrantes más útiles dependiendo de las necesidades del país.

Por ejemplo, si se necesita más investigación, se pueden otorgar visados a extranjeros científicos, técnicos o especializados en varias disciplinas. También se puede dejar entrar a inmigrantes con la finalidad de que ejerzan de mano de obra barata para construir infraestructuras a menor precio y más rápidamente.

¿ Qué necesidad tengo de conocer sobre los problemas migratorios y derechos humanos para liderar efectivamente?

Es muy probable que como líder te encuentres en la posición de trabajar junto con personas que han tenido que vivir el proceso de la migración. Igualmente es probable que dicha experiencia no haya sido totalmente su voluntad. Por lo tanto conocer un poco sobre las dificultades y luchas experimentadas por ellos nos permite liderar desde la empatía y comprensión. Contar con la claridad mental para identificar aquella barreras que puedan existir debido a la diferencias de culturas para derribarlas y acercar esas brechas, ayudándolos a integrarse de forma que esas diferencias culturales se tornen transparentes para todos. Recuerda lo que he mencionado varias veces, todos los seres humanos somos iguales dotados de la misma dignidad, y con ella somos todos ciudadanos del planeta Tierra.

Deterioro Progresivo de la Estabilidad Geopolítica

Esta sección es solo una perspectiva sobre la geopolítica, que a diferencia que cuando se hablo de las pequeñas y medianas empresas, esta le puede ser de mayor interés para aquellos lideres de organizaciones multinacionales, o para aquellos líderes que aunque independientes, se vean moviéndose entre países constantemente. Más con la tecnología y las redes sociales, puedes liderar un grupo desde tu nación de origen pero que este compuesto por personas procedentes de distintos países. Esto ultimo es muy común en modelos de negocios como la consultoría virtual y las redes de mercadeo.

Por ejemplo, aunque en tu región todo transcurra con normalidad, tal vez debas liderar de una manera diferente y especifica a uno de los miembros de tu grupo o a un cliente con el que atiendes por videoconferencia. Puede que se resida en un Estado que se encuentra en medio de un levantamiento contra el gobierno de turno o que este presentando limitaciones en cuanto a que cosas les es permitido hacer como negocio como parte de las regulaciones de un régimen autoritario.

La renovación de los recursos y la estabilidad geopolítica de las regiones

La transformación energética global afectará los factores sociales, económicos y ambientales que a menudo se encuentran entre las causas fundamentales de la inestabilidad geopolítica y los conflictos. El cambio climático, la rápida urbanización, el alto desempleo, la discriminación, la desigualdad y otras tendencias importantes pueden crear condiciones que aumentan la pobreza y la exclusión, promueven el movimiento masivo de personas, causan conflictos violentos y extremismo político, todas las fuerzas que tienen el potencial de afectar la estabilidad geopolítica. Si bien las características y el rápido crecimiento de las energías renovables generarán nuevos riesgos, la transformación energética también creará oportunidades para superar algunos de estos desafíos.

Hay que liderar los esfuerzos para combatir el cambio climático: para seguir empleando la diplomacia energética en momentos donde el precio del petróleo ha bajado, los estados deben participar en los esfuerzos mundiales que abordan el cambio climático. Tal compromiso sostenido debe continuar independientemente de los sentimientos de la administración que comande un país. Un futuro de energía limpia dependerá de un suministro abierto de recursos clave nuevos como minerales de tierras raras y metales pesados. Los países ricos en recursos deben comprometerse para proteger los entornos de inversión abierta y el acceso estable a esos recursos.

¿Cómo me compete la renovación energética a mí, si no soy un líder político o alto ejecutivo corporativo?

Precisamente por una características del liderazgo. No es cuan grande puede tener de impacto un acción que tomes, o cuantas personas conozcan o se afecten por ellas. Es hacer en lo poco lo que desearías hacer en lo mucho. Recuerde que el carácter del líder se va formando con la suma total de las acciones que ha tomado en el transcurso del tiempo. Si en algún momento una persona no comienza ha tomar pequeñas acciones desde tu realidad actual y sus limitaciones, muy poco probable pueda crear los hábitos y la actitud necesaria para liderar efectivamente en escenarios mayores.

Desde donde se encuentre comience a tomar acciones que contribuyan a la conservación de recursos y utilice en lo posible alternativas energéticas menos invasivas. Cuando haya creado el hábito con varias acciones pequeñas, observe, revalúe y comience a construir mayores practicas sobre las ya adquiridas. No olvide que su usted es su primera empresa, to circulo de allegados es tu primera y más importante organización. El océano esta compuesto de millones de pequeñas gotas.

11

MIS 5 PRINCIPIOS FUNDAMENTALES DE LIDERAZGO

"Confía en la fuerza de tu cuerpo y corazón. Elige por estrella la autosuficiencia, la fe, la honestidad y la industria. No tomes demasiados consejos, mantén el timón y dirige tu propio barco, y recuerda que el gran arte de mandar es tomar una participación equitativa del trabajo. Pon fuego sobre la marca que quieres golpear. La energía y la determinación con el motivo correctos son las palancas que mueven al mundo"

- Noah Porter

EL LIDERAZGO ES INCREÍBLEMENTE VALIOSO, pero desafortunadamente, no es simple ni fácil. De hecho, para demostrar cuán desafiante puede ser el liderazgo, tenga en cuenta que muchas personas, incluidas las que tienen roles de liderazgo, ¡en realidad no tienen idea de cómo ser un líder!

Tenemos una imagen de lo que significa el liderazgo, y a menudo pensamos que es "estar a cargo". Eso significa que realizamos las gestiones de personas, creyendo que si hacen algo mal, tenemos se les debe gritar o hablarles como si fuera a uno de sus hijos. ¿Verdad? Esto no podría estar más lejos de lo que es un buen líder.

Muchos líderes cometen el error de pensar que deberían actuar casi como un padre, donde su equipo son los niños. Eso significa vociferar cuando alguien hace algo mal, significa establecer reglas estrictas, y significa adoptar un enfoque de "lo que yo digo" y punto. Esta es completamente la actitud equivocada, Cuando aborda su rol de liderazgo de esta manera, efectivamente sofoca la creatividad y el pensamiento libre de su equipo. Eso a su vez se traduce en que realicen mejor su trabajo. También significa que es muy probable que pasen mucho tiempo sintiéndose extremadamente estresados y no haciendo su mejor trabajo. Muchas oficinas, negocios y emprendimientos se han derrumbado lentamente como resultado de un mal liderazgo.

Entonces, ¿cómo hacer para motivar a un equipo personas que no están funcionando de la mejor manera? Su equipo fue seleccionado porque cada uno aporta nuevas habilidades importantes para alcanzar el objetivo final. Su trabajo es crear un ambiente donde se sientan cómodos para desarrollar ese "músculo" y emplear todas sus habilidades. Al mismo tiempo, debe inspirarlos para que quieran trabajar y ayudar a colocar a la persona adecuada en la tarea correcta para que se sientan bien por realizar el trabajo o función asignada. Debe proporcionar instrucciones claras y concisas, pero también dar un paso atrás y dejar que las habilidades de su equipo se desarrollen completamente.

Un liderazgo influyente se trata de nutrir, proteger, inspirar, y guiar. Aquí le explicare todo esto y además ofreceré mis 5 principios importantes de liderazgo.

Primer Principio: El Líder Debe Respetar La Capacidad, Los Valores, La Identidad Y La Libertad De Cada Uno De Los Individuos Que Lidera

Ser un buen líder no significa hacer que todos asienten unánimemente con la cabeza cada vez que lanza una indicación. Los desacuerdos son inevitables, pero un buen líder está obligado a tratar a los demás con respeto y amabilidad, sin importar la situación.

Una parte importante de ese respeto que debe mostrar para su equipo o personas a los cuales lidera es respetar la identidad de cada miembro de su equipo, todos somos diferentes. Aceptar esto lo llevará a valorar las habilidades y valores de cada miembro de su equipo. Recuerde no se trata de "hacer lo que yo digo" si no de trabajar en conjunto para alcanzar una meta o un objetivo que todos tienen en común.

Al respetar la libertad de cada miembro de su equipo, comenzará a desarrollar y aprovechar al máximo cada habilidad única en ellos, dando como resultado una mayor creatividad en su equipo, un placer en disfrutar cada tarea asignada a ellos y un sentido de pertenecía al proyecto con el fin de alcanzar los objetivos planteados.

Este es un punto muy importante ya que los miembros de su equipo lo verán como un líder que los respeta, los toma en cuenta y valora cada aspecto individual de ellos. Se sentirán cada vez más cómodos siguiendo sus instrucciones.

Segundo Principio: La Capacidad Del Ser Humano Puede Ser Explorada Sólo En La Medida Que Nuestras Individualidades Puedan Expresarse

Como principio general, todos expresamos nuestra individualidad intrínsecamente; es decir, expresamos quiénes somos a través de "disposiciones". Las disposiciones son muchas y variadas, y en su mayoría forman hábitos subconscientes, que evolucionan a lo largo de la vida. A menudo, otras personas que nos conocen bien, nos conocen mejor que nosotros mismos en ciertos aspectos.

Tenemos una versión imaginaria e "idealizada" de quiénes somos (o nos gustaría ser), y a menudo intentamos expresar esto. No controlamos cómo expresamos nuestra individualidad, podemos intentarlo, y si somos "fieles a nosotros mismos", podemos llevar una vida de bastante ecuanimidad, con mucha tranquilidad para con nosotros y con el mundo.

Conocer y entender este rasgo de la personalidad humana es muy importante cuando de liderazgo hablamos, pues aquí radica una materia pendiente de cursar de muchos líderes en la actualidad. Durante mucho tiempo siempre se ha atacado a quienes actúan de forma individualista, pero es un deber de todo buen líder comprender que es imposible coartar las individualidades de las personas, ya que es la "válvula" por donde dejamos salir todo lo que realmente somos, y es aquí donde el liderazgo no es solo una característica, si no que se trasforma en un arte, cuando dejamos ser lo que las personas son y aun así logramos pararnos frente a ellos como un líder. Ahí está el arte en el liderazgo. Tomar todas las características propias que hacen a cada individuo lo que son, y con ellas trabajarlas y pulirlas para que alcancen su máxima expresión. El líder es un verdadero pulidos de diamantes.

Tercer Principio: El Liderazgo Es Un Proceso Continuo

Ha escuchado hablar de la supervivencia del más apto. Es el principio que nos dice que solo aquellos que pueden manejar el cambio y hacer frente a la adversidad sobreviven. En otras palabras, la adaptabilidad es necesaria, y puede significar la diferencia entre el éxito y el fracaso.

En nuestra vida profesional, las situaciones rara vez salen como queremos. Hay demasiadas variables para que ese sea siempre el caso y, a menudo, las cosas pueden salirse de nuestro control.

La conclusión es que según se reacciones frente a la adversidad será lo que determine si es capaz de recuperarse rápidamente, restablecerse y volver al camino del éxito.

Los grandes líderes aprenden a seguir la corriente. Entienden que el éxito no sucede de la noche a la mañana. Su adaptabilidad es una cualidad que les ayudará a superar el fracaso y salir del otro lado como un ganador. Algunas personas tienen un alto nivel de adaptabilidad naturalmente.

¿Pero y si no es así? ¿Qué sucede si los contratiempos lo desaniman o lo intimidan fácilmente? ¿Hay algo que pueda hacer para aumentar su adaptabilidad? Aquí hay algunos consejos para ayudarlo a aumentar su adaptabilidad y poder forjar un carácter fuerte como un líder que sabe evolucionar y aprender para vencer todos los obstáculos que se le presentan.

1. Haga planes de contingencia. Siempre debe tener un Plan B. No significa que esté planificando un fracaso. En cambio, significa que ha pensado en lo que hará si su plan principal no sale según lo planificado. Recuerde que las personas tienden a seguir a líderes que saben que hacer y más importante que saben hacia donde se dirigen.

2. Practique la resiliencia. Si es como la mayoría de las personas, probablemente experimenta toneladas de pequeños contratiempos. Cuando esto ocurra, preste atención a cómo reacciona y piense cómo puede cambiar su monólogo interno para que sea más positivo. Esto a su vez le dará a su equipo, la certeza que usted no cambia por difícil que sea la situación.

3. Cuando algo sale mal, no reaccione de inmediato. Respire hondo y aléjese de la decepción. Muchas veces, estamos envueltos en la decepción porque estamos tratando de superarlo. Está bien sentirse decepcionado, pero, no está bien dejar buscar una solución al problema, recuerde que debe cambiar, adaptarse y seguir evolucionando, al tener esta habilidad, las personas verán en usted un líder sólido. Como aprendí trabajando como

consultor Bob Proctor,[1] ante las situaciones no reaccione, responda.

Estos consejos le ayudará a desarrollar su adaptabilidad. Un gran fracaso decepcionante no significa que deje de buscar cómo alcanzar sus objetivos, y más aún cuando hay otros que dependen de usted.

Cuarto Principio: El Líder Necesita De Los Que Lidera Para Su Desarrollo

Siempre que se alcanza un mayor nivel de éxito es debido a la existencia de un equipo. Incluso los millonarios y multimillonarios, no lo hicieron por sí solos. Bill Gates es un gran ejemplo. Sí, tuvo una gran idea cuando creó Windows, pero tenía un talentoso equipo de programadores, diseñadores, escritores, especialistas en marketing y administradores quienes lo ayudaron con el lanzamiento.

Vamos a hablar sobre por qué la formación de equipos es una habilidad de liderazgo esencial, y cómo puede reconocer las áreas en las que necesita ayuda para poder construir su equipo, no solo para liderarlos, si no para aprender de ellos, crecer con ellos, recuerde su equipo es el reflejo de su liderazgo, cuando olvide este punto esencial simplemente dejara de ser un líder.

A pesar de lo duro que puede trabajar y lo determinado que sea, no puede hacer todo por su cuenta, ni debería hacerlo. No es práctico y no funciona de manera inteligente, simplemente está trabajando más duro. Considere la frase, "Aprendiz de todos los oficios, maestro de ninguno". Puede ser excelente en algunas cosas, pero es probable que haya áreas en su negocio que se beneficiarían del soporte externo de las personas que lidera. Es posible que sienta la tentación de intentar hacer todo usted mismo. Muchos líderes cometen este error y esto los lleva a la frustración y al fracaso. Subestiman las habilidades de su equipo y subestiman lo difícil que será alcanzar un objetivo sin la ayuda de un equipo que le permite desarrollarse a plenitud.

Elegir un equipo significa que tendrá soporte continuo dentro de su propia red personalizada. Puede delegar tareas y más importante nutrirse de su equipo y crecer juntos, esto es casi una parada obligada para cada buen líder, y así tener el tiempo para hacer las cosas que mejor hace. También podrá disfrutar de otros aspectos de la vida.

Necesitas un equipo, pero ¿por dónde empiezas? El primer paso es identificar las áreas clave donde necesita ayuda. Si está liderando un equipo, necesitará aprender y complementarse con ellos, Comience mirando las cosas que hace muy bien. Quizás es un excelente vendedor o un buen comunicador. Esas pueden ser cosas que puede hacer por su cuenta. Luego, mire las cosas que no están a su alcance o le generen algún problema en especial. Quizás tenga muy poca experiencia en marketing o no sea excelente en la organización. Aquí es donde los miembros del equipo lo harán crecer y desarrollarse no solo delegando las funciones que le causen problemas, si no aprendiendo de ellos. Tendrá mejores oportunidades de éxito.

Por último, debe aprender a reconocer los logros obtenidos como un equipo fuerte que tiene un líder que crece a medida crece el equipo y juntos avanzan al cumplimiento de sus sueños.

Quinto Principio: Un Líder No Se Hace Así Mismo

¿Qué es un líder? Una definición simple nos dice que es aquella persona que tiene el arte de motivar a un grupo de personas para actuar y lograr un objetivo común. En un entorno empresarial, esto puede significar dirigir a los trabajadores y compañeros con una estrategia para satisfacer las necesidades de la empresa.

Esta definición de liderazgo captura los elementos esenciales de ser capaz y estar preparado para inspirar a otros. El líder se basa en ideas efectivas de desarrollo, pero esto no sucederá a menos que esas ideas puedan comunicarse a otros de una manera que los involucre lo suficiente como para actuar como el líder quiere que actúen.

Dicho de manera más simple, el líder es la inspiración y el director de la acción. Es la persona en el grupo que posee la combinación de personalidad y habilidades para hacer que otros quieran seguir su dirección. Pero estas habilidades no se imponen, estas habilidades se ganan, por medio del servicio y el sacrificio para con el grupo que lidera, es entonces el grupo el juez y galardonador de este título.

El liderazgo está vinculado al desempeño, y cualquier definición de liderazgo debe tenerlo en cuenta. Si bien no se trata solo de ganancias, quienes son vistos como líderes efectivos son los que aumentan los resultados de su empresa. Si un individuo en un rol de liderazgo no cumple con las expectativas de ganancias establecidas está fallando como líder.

Los términos "liderazgo" y "gestión" tienden a usarse indistintamente. La gerencia se refiere a la estructura de gestión de una empresa, y estas personas que en realidad son gerentes como los "líderes" de varios equipos de gestión. Sin embargo, el liderazgo requiere rasgos que se extienden más allá de la distribución designada y el cumplimiento de métricas. Para ser efectivo, un líder ciertamente debe administrar los recursos a su disposición. Pero el liderazgo también implica comunicar, enseñar, inspirar, desarrollar, delegar, corregir, ser comunicador y maestro, solo por nombrar algunas habilidades que un líder debe tener para tener éxito.

Líderes, ¿nacidos o hechos?

Si bien hay personas que parecen estar naturalmente dotadas de más habilidades de liderazgo que otras, cualquiera puede aprender a convertirse en un líder al mejorar sus habilidades particulares. La historia está llena de personas que, aunque no tienen experiencia previa en liderazgo, han dado un paso al frente en situaciones de crisis y persuadieron a otros a seguir su curso de acción sugerido. Poseían rasgos y cualidades que los ayudaron a asumir roles de liderazgo.

Al escribir en la revista Forbes, la escritora Erika Andersen, autora de "Leading So People Will Follow", dice que, como la mayoría de las cosas, la capacidad de liderazgo cae en una curva que requiere aprendizaje. Entonces, el hecho es que la mayoría de las personas que comienzan con un mínimo de capacidad de liderazgo innato en realidad pueden llegar a ser muy buenos, incluso grandes líderes.

Ser un líder hoy es diferente de lo que ha sido antes, y esto es particularmente cierto dentro de las organizaciones. Si usted es un líder dentro de una organización, existe una alta probabilidad de que se encuentre enfrentando una variedad de situaciones constantemente cambiantes que irrumpen en los estilos de liderar. Un ejemplo, puede que hoy deba liderar desde lejos. En otras palabras, eso significa que utilizará herramientas de colaboración para trabajar con equipos distribuidos en todo el mundo. ¡Esto puede hacer que la vida sea más difícil, ya que no podrá saber con precisión qué está haciendo su equipo, o si realmente están llevando a cabo el trabajo que les asignó!

Hay varias formas en que podemos reaccionar a estos cambios. Una de las más comunes es tratar de "reinar" aún más en nuestro equipo, para imponerles reglas y restricciones aún más estrictas y de mayor control. La esperanza es que de esta manera podamos tener una mejor idea de lo que están haciendo y así controlar sus acciones. Sin embargo, hacer esto a menudo tiene el efecto contrario. Una vez más, la forma más poderosa de motivar a alguien que está a millas de distancia de usted es asegurarse de que las tareas que le da sean inherentemente motivadoras. Es decir, deberían ser gratificantes por derecho propio, porque ofrecen un sentido de propiedad a la persona que los completa y un sentido de estar muy involucrado.

Si nota que alguien se está quedando atrás, ¡no asuma que es porque es vago! En cambio, pregunte por qué no están lo suficientemente motivados para completar el trabajo que le ha establecido. Su trabajo como líder es proteger, inspirar y guiar. No es controlar. Esto es cierto incluso cuando se trata de desafíos modernos y complejos del liderazgo. De hecho, eso solo hace que este enfoque sea aún más vital.

Como sugerencia, asegúrese que esas tareas sean como un contrato. La definición de tareas debe originarse como un acuerdo entre ambas partes. Usted requiere de unos resultados, pero es la persona que estará realizando el trabajo. Ambas partes se necesitan y ambas son igualmente esenciales para el cumplimiento de las metas. Si establecen metas juntos, será el mismo compromiso que ha hecho la persona con el líder el que se encargará de hacer el trabajo de supervisión. Su compromiso y su palabra serán tanto un catalizador como su fiscalizador. En las discusiones académicas en la administración de empresas, cuando se revisan los temas referentes a los procesos de manufactura y las metodologías para la optimización, esa premisa es la base de sus diseños. En otras palabras, la razón de la creación de procesos en la manufactura y otras empresas de producción, es para que estos funcionen como reguladores y supervisores.

SÍNTESIS

"El liderazgo es un camino que se recorre toda una vida para aquel que camina siempre en buena compañía." - Melqui

Un buen líder es también un buen administrador. Bajo el concepto de la mayordomía, el líder sabe manejar los recursos limitados disponibles para satisfacer la necesidades ilimitadas. Se menciona la mayordomía, porque el carácter del líder verdadero no puede desasociarse de las diferentes facetas de la vida. Por tanto, en sus relaciones personales, en su ambiente, el líder se presenta socialmente responsable e integro, haciendo el mejor uso posible de los recursos y talentos.

El líder entiende que el liderazgo es como la filosofía japonesa *Kaizen*, un proceso continuo que nunca termina. La importancia de reconocerlo y mantenerse en un proceso educativo constante, minimiza las posibilidades de caer en el mal de la inseguridad. Cuando aparece este mal, el único mecanismo restante, a menos que se trabaje con ello, es entrar en el celo profesional o personal. Un celo presente por la insatisfacción de la falta de capacidades y aptitudes frente a los que se lidera. En ese punto el líder ve su capacidad de influencia disminuida y su zona de comodidad se ve amenazada. Es una inseguridad infundada pero autogenerada, y quien único tiene el control de cambiar la situación es el líder que se ha vuelto demasiado conforme en su estatus quo.

Un líder verdadero no se escuda tras una posición, más bien hace la posición. Cuando se llega a ese punto es sumamente difícil que este cumpla con una de las características principales del liderazgo, que son la edificación y el desarrollo de sus seguidores o subordinados (aquí se ha hecho una distinción etimológica entre ambos, el primer grupo lo tienen como líder por voluntad propia, el segundo por obligación). La percepción de estos líderes inseguros debido a su falta de capacidades, comienzan a ver a los demás como amenazas en vez de activos para el crecimiento del equipo y del conocimiento del propio líder.

Saber cuando es el momento de cambiar de ambiente, es un punto importante y uno el cual no se profundiza o se le presta mayor importancia. Existe la noción de que un líder es capaz de brillar y tomar el control en toda situación y en todo ambiente. Pero hay una realidad y es que el ser humano es autónomo por naturaleza, cuyos valores, paradigmas y costumbres son externos al equipo pero sí influyen en el mismo. Partiendo de esta premisa, se debe entender la realidad de que el alcance de los líderes tendrá siempre su límite. Puede dar el máximo en edificar a las personas, pero el cambio es un proceso que solo puede darse intrínsecamente, desde el deseo de la persona hacia su toma de acción.

En muchos lugares se dice " puedes llevar el caballo al agua pero no lo puedes hacer que la beba". Lo mismo sucede con los ambientes y organizaciones. La cultura en ellas muchas veces se encuentra tan arraigada en la mentalidad, valores y percepciones de los integrantes que se ha perpetuado y continuará perpetuándose mientras usted sea parte de ella y aún cuando ya no estes. Entonces debes evaluar cuando tu influencia no tiene ya impacto alguno, o cuando los valores de la organización no van acorde con los del líder. Es en esos momentos que el líder debe evaluar si comienza un nuevo capítulo. Recordemos que somos energía, no solo debemos conservarla, también debemos alimentarlas ya que estas son la fuente para la creatividad y la productividad.

Debe ser bastante obvio que el propósito del líder debe ser construir, y no destruir. Entonces debe ser prohibitivo dentro de las prácticas del líder la crítica negativa. Este tipo de práctica, baja la moral del individuo al cual se critica y la del grupo en general. Esto cuarta la confianza que pudo haberse establecido y le resta credibilidad al líder ante los demás. También cabe señalar que esto puede suceder a la inversa, de hecho esto es algo bastante común. El líder debe tener eso presente y no tomarse la crítica personalmente, mas hacerlo objetivamente como quien mira todas la variables desde el exterior. Saber quién emite la crítica, la razón, las circunstancias, en fin, ir a la raíz de la historia. Una vez se adquiera un conocimiento lo suficientemente completo, se puede confrontar directamente a la persona para resolver los inconvenientes que según la perspectiva del líder les está causando.

El conocimiento actual nunca será suficiente. Nos funciona como base para nuestro razonamiento, pero no es un punto final en el proceso evolutivo de cada persona. Debemos prestar atención en mantenernos en la medida posible al corriente de las actualizaciones sobre los aspectos relevantes al equipo, lo cual es indispensable para el líder. La idea es evitar la caducidad en el liderazgo, volverse obsoleto.

Han oído que se ha dicho, no planifiques para fallar pero tampoco falles por no planificar. El enemigo número uno contra la buena planificación es la miopía de perspectiva, no poder ver un poco más allá de las realidades actuales. La clave para la planificación efectiva es revisar las pasadas experiencias de forma objetiva, escuchar los aportes de los miembros del equipo y considerar la posibilidad de que ocurran eventualidades inesperadas. Analice las tendencias y experiencias para tener al menos una idea de lo que es posible, y entonces planificar según lo estudiado.

POSFACIO

1. Decir la verdad
2. No hagas cosas que odias
3. Actúa para que puedas decir la verdad sobre cómo actúas.
4. Persiga lo que es significativo, no lo que es conveniente.
5. Si tiene que elegir, sea el que hace las cosas, en lugar del que se ve que hace las cosas.
6. Presta atención.
7. Asuma que la persona que está escuchando podría saber algo que usted necesita saber.
8. Planifique y trabaje diligentemente para mantener el romance en sus relaciones.
9. Tenga cuidado con quién comparte buenas noticias.
10. Tenga cuidado con quién comparte malas noticias.
11. Mejora al menos una cosa en cada lugar al que vayas.
12. Imagine quién podría ser, y luego apunte a eso con determinación.
13. No te permitas ser arrogante o resentido.
14. Intenta que una habitación de tu casa sea lo más bonita posible.

15. Compárate con quien fuiste ayer, no con quién es otra persona hoy.
16. Trabaja tan duro como puedas en al menos una cosa y observa qué sucede.
17. Si los viejos recuerdos aún te hacen llorar, escríbelos cuidadosa y completamente.
18. Mantenga sus conexiones con las personas.
19. No denigren descuidadamente las instituciones sociales o los logros artísticos.
20. Trátese como si fuera alguien a quien es responsable de ayudar.
21. Pídale a alguien que le haga un pequeño favor, para que él o ella pueda pedirle que haga uno en el futuro.
22. Haz amistad con personas que quieren lo mejor para ti.
23. No intentes rescatar a alguien que no quiere ser rescatado y ten mucho cuidado al rescatar a alguien que sí lo haga.
24. Nada bien hecho es insignificante.
25. Pon tu casa en perfecto orden antes de criticar al mundo.
26. Vístete como la persona que quieres ser.
27. Sé preciso en tu discurso.
28. Párate derecho con los hombros hacia atrás.
29. No evites algo aterrador si se interpone en tu camino.
30. No hagas cosas innecesariamente peligrosas.
31. No dejes que tus hijos hagan nada que te haga disgustarlos.
32. No transformes a tu esposa en una sirvienta.
33. No escondas cosas no deseadas en la niebla.
34. Observe que la oportunidad acecha donde se ha abdicado la responsabilidad.
35. Lee algo escrito por alguien genial.
36. Acaricia a un gato cuando te encuentres con uno en la calle.
37. No molestes a los niños cuando andan en patineta.

38. No dejes que los abusadores se salgan con la suya.
39. Escriba una carta al gobierno si ve algo que necesita ser arreglado y proponga una solución.
40. Recuerde que lo que aún no sabe es más importante que lo que ya sabe.
41. Sé agradecido a pesar de tu sufrimiento.

Notas para la vida por Jordan Peterson

NOTAS

Capítulo 1

1. Dr. Cloud, H. (2006). *9 COSAS QUE UN LIDER DEBE HACER.* Capítulo 1 Excave su alma, p. 13. Editorial Vida 2008, Miami, Florida.
2. Schawber, K., Sutherland, J. (2017). La Guía de Scrum. La Guía Definitiva de Scrum: Las Reglas del Juego. El documento puede ser encontrado en https://www.scrumguides.org/docs/scrumguide/v2017/2017-Scrum-Guide-Spanish-SouthAmerican.pdf. Es importante señalar que Scrum no es una metodología, tampoco son procesos o diseño de estos. Es un marco que abarca una serie de principios, condiciones y recomendaciones para el desarrollo de software ágil. Los fundadores, así como muchos de los pilares en el área del software en las últimas décadas se han enfocado de manera muy especial en la filosofía de la fuente libre y el cooperativismo como la clave fundamental para permitir una evolución continua, rápida y efectiva del software. Esto según entienden facilita la creación de soluciones a problemas complejos que presenta la humanidad en la actualidad con el aporte de la tecnología de vanguardia. Por eso toda información de Scrum se consigue de manera irrestricta y gratuita.
3. Kotter, J.P. (1999). *El factor liderazgo* (p. 8, 35). Madrid: Ediciones Díaz de Santos según citado en GOMEZ ORTIZ, Rosa Amalia. El liderazgo empresarial para la innovación tecnológica en las micro, pequeñas y medianas empresas. *Pensam. gest.* [online]. 2008, n.24 [cited 2020-05-24], pp.157-194. Available from: <http://www.scielo.org.co/scielo.php?script=sci_arttext&pid=S1657-62762008000100007&lng=en&nrm=iso>. ISSN 1657-6276
4. Dansereau, F., Graen, G.B. & Haga, W.J. (1975). A vertical dyad linkage approach to leadership within formal organizations. *Organizational Behavior and Human Perfomance,* 13, 46-78. según citado en GOMEZ ORTIZ, Rosa Amalia. El liderazgo empresarial para la innovación tecnológica en las micro, pequeñas y medianas empresas. *Pensam. gest.* [online]. 2008, n.24 [cited 2020-05-24], pp.157-194. Available from: <http://www.scielo.org.co/scielo.php?script=sci_arttext&pid=S1657-62762008000100007&lng=en&nrm=iso>. ISSN 1657-6276
5. Senge, P. (1992). La Quinta Disciplina. Barcelona: Granica. Según citado por Madariaga Garay, M. (2010). Comunicación y liderazgo: sin comunicación no hay líder. Cuadernos del Centro de Estudios de Diseño y Comunicación, Año X, Vol. 33, Agosto 2010, Buenos Aires, Argentina

Capítulo 2

1. MacDonald, 2009; Mesoudi, 2009 & Pierce & White según citado por Aranda, A. M., (2018). *La Diversidad Cultural: y el Impacto Financiero en las Empresas en la Era de la Globalización.* Publicaciones Puertorriqueñas, Inc. Puerto Rico.
2. (Hall, 1976 & Hofstede, 1986, 1999 & 2005 según citado por Aranda, A. M., (2018). *La Diversidad Cultural: y el Impacto Financiero en las Empresas en la Era de la Globalización.* Publicaciones Puertorriqueñas, Inc. Puerto Rico.
3. como lo explica Gairin (2000) citado en Hernández (2013)

Capítulo 4

1. Real Academia de la Lengua (DRAE): https://dle.rae.es/dinamismo?m=form
2. *What is Leadership?* Artículo de Kevin Kruse en la edición digital de la revista Forbes
3. Citas de Kobe Bryant sobre Phil Jackson: *Once anillos,* libro de Phil Jackson
4. Cita de Phil Jackson sobre despersonalizar las críticas tomado de su libro *Once Anillos*
5. Web de Antena 3 TV. Cita de Diego Pablo Simeone en conferencia de prensa: https://www.antena3.com/noticias/deportes/futbol/simeone-defiendo-ningun-estilo-concreto-puede-ganar-todas-formas_201811025bdc52c80cf244c2fc0d5041.html

Capítulo 5

1. Naranjo, M. L. (2009). *Motivación: Perspectivas teóricas y algunas consideraciones de su importancia en el ambio educativo.* Educación, vol. 33, núm. 2, 2009, pp. 153-170 Universidad de Costa Rica, San Pedro, Montes de Oca, Costa Rica.
2. Bernal, C. A. (2007). Introducción a la administración de las organizaciones. Enfoque Global e Integral 1a edición. Pearson Educación de México S.A. de C.V, 2007. ISBM: 9702610621
3. Chiavenato, I. (2009). *Gestión del talento Humano, 3ra Edición.* México, D.F.: McGraw Hill.
4. Gómez, R. A. (2008). *El liderazgo empresarial para la innovación tecnológica en las micro, pequeñas y medianas empresas.* Pensamiento y Gestión. N° 24 ISSN 1657-6276. Universidad del Norte, 157-194, 2008
5. Mondy, R. W., & Noe, R. M. (2005). Administración de los Recursos Humanos. México, D.F.: Prentice Hall.
6. La cita de estos autores e investigadores es tomada según citado por Aranda, A. M., (2018). *La Diversidad Cultural: y el Impacto Financiero en las Empresas en la Era de la Globalización.* Publicaciones Puertorriqueñas, Inc. Puerto Rico.

Capítulo 6

1. Deus y Brown (2008) citados en Banwart, M. (2020). How Academics Disciplines Approacch Leadership Development. New Directions for Student Leadership, Volume 2020, Issue 165 Spring 2020, pp 87-97.
2. Banwart, M. (2020).
3. Garay Madariaga, M. (2010). Comunicación y liderazgo: sin comunicación no hay líder.
4. Senge, 1992, p.233 según citado en Garay Madariaga, M. (2010). Comunicación y liderazgo: sin comunicación no hay líder.
5. Garay Madariaga, M. (2020).
6. Arnold, M. y Osorio, F. 1998. Introducción a los conceptos básicos de la teoría general de sistemas. *Cinta moebio* 3: 40-49.

Capítulo 7

1. ASALE, R., 2020. *Jefe, Jefa | Diccionario De La Lengua Española*. [online] «Diccionario de la lengua española» - Edición del Tricentenario.
2. Etymonline.com. 2020. *Chef | Buscar en línea Diccionario de etimología* . [en línea] Disponible en https://www.etymonline.com/search?q=chef
3. Lynn, S., 2002. *El Arte De La Guerra De Sun Tzu - Gestiopolis* .
4. TZU, S., 2020. *EL ARTE DE LA GUERRA* . 5a ed. España: ALMA EDITORIAL, p.192.
5. MAQUIAVELO, N., 2019. El Príncipe . 8a ed. Madrid - España: ALMA EUROPA, p.160.
6. Goleman, 1996. *Emotional Intelligence*. London: Bloomsbury.
7. Jackson, P., 2017. Once Anillos. 2nd ed. Barcelona: Roca Editorial.
8. Jackson, P., 2017. Once Anillos. 2nd ed. Barcelona: Roca Editorial.

Capítulo 8

1. Maslow, A. y Frager, R., 1987. Motivación y personalidad . Nueva Delhi: Pearson Education.
2. Herzberg, F., 1982. La elección gerencial . Salt Lake City, Utah: Olympus Pub. Co.
3. López, A., 2020. Las 8 Teorías Más Importantes Sobre La Motivación - Revista Managers . [en línea] Managersmagazine.com. Disponible en https://managersmagazine.com/index.php/2013/11/las-8-teorias-mas-importantes-sobre-la-motivacion/
4. McClelland, P., 2016. The Achieving Society. New York: Pickle Partners Publishing.
5. McGregor, D., Bennis, W. y Schein, E., 1983. Liderazgo y motivación . Cambridge, Massachusetts: MIT Press.
6. Ruiz Mitjana, L., 2020. Teoría De La Expectativa De Vroom: Qué Es Y Qué Dice Sobre El Trabajo. [en línea] Psicologiaymente.com. https://psicologiay

mente.com/organizaciones/teoria-expectativa-vroom

7. Grifol, D., 2020. Teoría De La Equidad Laboral . [en línea] Blog Personal. Disponible en https://danielgrifol.es/teoria-de-la-equidad-laboral/

8. Taype Molina, Martín, and Universidad de Lima. "Teorías De La Motivación." Gestiopolis, 18 Sept. 2015, www.gestiopolis.com/teorias-de-la-motivacion/.

9. Locke, E. (1968). Teoría del establecimiento de metas u objetivos. Estados Unidos.

10. Ruiz Mitjana, Laura, and Barcelona. "La Teoría De Fijación De Metas De Edwin Locke." Psicología y Mente, Psicología Para Profesionales, Estudiantes y Curiosos. Artículos Diarios Sobre Salud Mental, Neurociencias, Frases Célebres y Relaciones De Pareja. Conócenos Equipo Redactores Tópicos Colabora Anúnciate Contacta Síguenos, 19 May 2020, psicologiaymente.com/psicologia/teoria-fijacion-metas-locke.

Capítulo 10

1. Según Cox & Blake (1991) & Flynn (2009) citados en Aranda, A. M., (2018). *La Diversidad Cultural: y el Impacto Financiero en las Empresas en la Era de la Globalización*. Publicaciones Puertorriqueñas, Inc. Puerto Rico.

2. Tomado del trabajo de investigación de Maestría en Gerencia y Liderazgo Estratégico González Dávila, M. (2020). El Impacto de Incorporar el Liderazgo Motivacional en la Cultura Organizacional Empresarial Como Estrategia para la Retención de Empleados Pertenecientes a la Generación *Millennial*. Sistema Universitario Ana G. Méndez. Cupey, Puerto Rico.

3. Robbins, S.P., Judge, T. A. (2009). *Comportamiento Organizacional, 15a. Edición*. P. 212-219. Pearson Publishing.

4. Mina, P. (2015). *Atracción y Retención del Talento. Problemática en Empresas IT de Argentina*. (Tesis de Maestría). Instituto Tecnológico de Buenos Aires. Buenos Aires.

5. González Dávila, M. (2020) según referenciado previamente.

6. Zavala-Villalón, G., Frías, P. (2018). *Discurso Millennial y Desafíos en la Gestión de Recursos Humanos en Chile. Psicoperspectivas, 17*(3), 1-12.

7. Pérez, R, Navajas, S., Terry, E. (2019), IoT En ALC 2019. Tomando el Pulso al Internet de las Cosas en América Latina y el Caribe. https://publications.iadb.org/publications/spanish/document IoT_en_ALC_2019_Tomando_el_pulso_al_Internet_de_las_Cosas_en_América_Latina_y_el_Caribe_es.pdf. Banco Interamericano de Desarrollo.

8. Según citado y tomado de Altvater, E., Mahnkopf, B. (2002). Las limitaciones de la globalización: economía, ecología y política de la globalización. Siglo XXI Editores.

9. López, A.F., Santamaría, F., Guerra, C.A. (2018). Trabajo, lenguaje y acción: Perspectivas y discusiones. Editorial Bonaventuriano

10. Escudero, M.E., Pateiro, R., Rodriguez, F.J.(2004). Mercado de capitales europeo. El camino de la integración. Netbiblio S.L., A. Coruña 2004

11. Daños en los ecosistemas y pérdida de biodiversidad, una delegada línea entre la inoperancia y la necesaria responsabilidad social. https://www.oei.

es/historico/divulgacioncientifica/?Dano-en-los-ecosistemas-y-perdida-de-biodiversidad-una-delgada-linea-entre-la

12. Hernández, V.R., Antero, J. (2014). EVOLUCIÓN DE LAS TEORÍAS DE EXPLOTACIÓN DE RECURSOS NATURALES: HACIA LA CREACIÓN DE UNA NUEVA ÉTICA MUNDIAL. Luna Azul ISSN 1909-2474. No. 39, julio - diciembre 2014. Universidad de Caldas.

13. García, R.E., Salgado, L. (2016). LA SUSTENTABILIDAD COMO POTEN-CIADOR DEL DESARROLLO REGIONAL: EL CASO DE MUNICIPIOSDEL RIO ALTAR, SONORA. 21° Encuentro Nacional sobre Desarrollo Regional en México.

14. Papa Fransisco (2015). Laudato Si: Sobre el Cuidado de la Casa Común.

15. El Alto Comisionado de las Naciones Unidas para los Refugiados (ACNUR). (2000). La Situación de Los Refugiados en el Mundo 2000: Cincuenta Años de Acción Humanitaria. Icaria Editorial.

16. Naciones Unidas. Tomado el 15 de mayo de 2020 de su sitio web official https://www.un.org/es/sections/issues-depth/refugees/index.html

17. Artículo 13: derecho a la libertad de movimiento de las Naciones Unidas. Tomado el 16 de mayo de 2020 de https://news.un.org/es/story/2018/11/1446981

18. Metodos de Lucha Contra la Tortura. Folleto Informativo Num. 4 1ra Revisión. Naciones Unidas. Tomado el 16 de mayo de 2020 de https://www.ohchr.org/Documents/Publications/FactSheet4Rev.1sp.pdf

19. Nuevo informe de la OIT sobre discriminación en el trabajo: un panorama de esperanza y preocupación (2003). Revista Trabajo No. 47, junio 2003. Tomado el 16 de mayo de 2020 de https://www.ilo.org/global/publica tions/world-of-work-magazine/articles/WCMS_081387/lang--es/index.htm

20. Diario de Colima. Edicion 26 de julio de 2006. Colombia. Tomado el 16 de mayo de 2020 de http://www1.ucol.mx/hemeroteca/pdfs/260706.pdf

Capítulo 11

1. Proctor Gallagher Institute.

AGRADECIMIENTOS

No me hubiese sido posible.

A Dios por permitirme gozar de las facultades, la salud, oportunidades y capacidades para poder realizar este libro. Su mayor regalo es haberme dado todas esas cosas para vivir mi vida, mi mayor agradecimiento será dar siempre el máximo utilizando cada una de ellas al servicio de la humanidad.

A mis padres Milton y Sonia. Por su liderazgo de modelaje. Con sus acciones a través de los años, esforzándose día a día para superarse en la sociedad, pero cada acción anclada en los valores del respeto y amor por el prójimo. Así como la modelaron, esa misma es la meta que debe llevar cada líder. Me enseñaron del liderazgo para la vida a no apuntar a la adquisición de bienes, títulos, nombre, fama o riquezas. Más bien buscar nuestra valía en la calidad de persona que nos convertimos cada día, en el compartir la vida con los seres queridos, en respetar a los desconocidos.

A mis abuelas. Candita gracias por las muestras de cariño para con tus hijos, nietos y demás generaciones, nunca faltaba en tu casa una buena comida caliente para comer hasta no poder respirar más, como toda una abuela. Lo hacías habiendo veces que no tenías el animo o las energías, enseñándome del liderazgo que en ocasiones eso mismo deben hacer los líderes. Y a Teresa, porque como muchas madres solteras sacaste adelante tres hijos, culminaste tus estudios y te convertiste en enfermera graduada, profesión la cual en el ocaso de tu carrera alcanzaste ser una verdadera líder, en carácter y en propiedad. Me enseñaste del liderazgo que los lideres deberán sacar coraje y luchar ante la adversidad para sacar a flote a su equipo, a pesar de lo que cueste a nuestro carácter personal. Y ya desde esos tiempos, mostraste que el liderazgo no tiene raza y mucho menos sexo.

Mi Tía María, la matriarca. En estos tiempos donde se menciona tanto el patriarcado y se busca la igualdad de la mujer intentando atacar la masculinidad, ya tú llevabas muchas décadas siendo la cabeza de una familia inmensa, y nunca hubo necesidad de hacer la distinción de superioridad de sexos. Gracias por criarnos a tantos de nosotros en la familia, por más de tres generaciones. Fuiste siempre firme y fuerte en tu crianza para que fuéramos adultos de bien, pero con tanto amor, cariño y dedicación, que tal método de educación resultó a la perfección, como aprendido en Harvard. Aprendí del liderazgo de ti que fuiste el balance perfecto que debe tener todo líder, saber cuando ajustar, cuando corregir, cuando aplaudir, pero siempre sin dejar de actuar con el corazón e interés genuino. Gracias Tata.

A la institución educativa Ana G. Méndez y a mis profesores en mi segunda etapa de estudios universitarios.

Luego de haber tenido una infructuosa primera etapa de estudios, fue en la Universidad del Turabo donde pude comenzar un nuevo proceso formativo. Un Sistema cuyo norte en las últimas décadas a estado siempre en encontrar la manera de hacer posible que la mayor parte de jóvenes puedan obtener una educación universitaria de calidad, para con ella poder tomar control de su destino, transformar sus vidas, y tener la oportunidad de poder integrarse a la sociedad de manera funcional, sin importar su procedencia, raza o sexo, solo el deseo de formarse educativamente, así como fue mi caso. Luego de haber sido catalogado como incapaz de cursar estudios universitarios ni mucho menos de poder estudiar una carrera, hoy día he podido culminar estudios graduados, y esto sin ánimo de vanagloria mas en puro espíritu de agradecimiento. Entendí del modelo de la institución, que el liderazgo que debemos crear como organizaciones debe basarse en nuestra capacidad de saber liderar a la vanguardia, donde la ganancia de un líder se encuentra siempre en la medida que pueda ser de servicio y la cantidad de personas que pueda edificar.

Gracias en especial a dos profesores de Ingeniería de Computadoras de la Universidad del Turabo, el Profesor Alcides Alvear Suarez, el Profesor Yahya Masalmah. También al Profesor José A Medina de estudios graduados en Administración de Empresas.

Yahya, tomaste de tu tiempo en instruirnos, aún más del tiempo correspondiente. Pero lo que más me llevo es como tu carácter, tu moral y tu trato hacia todos tus estudiantes fue intachable. Me enseñaste del liderazgo que un líder se presenta responsable e íntegro siempre, teniendo las mejores intenciones para quién lidera, día tras días.

Alcides gracias por depositar tu confianza en todos nosotros y desde el primer día haberme motivado a siempre mirar a mis metas y mis sueños. Nunca pusiste en duda mi potencial, y nunca te reservaste nada al momento de exigirnos, porque confiabas en nosotros. Esa característica fundamental del liderazgo, viendo el potencial en nosotros, y con vocación, empatía, respeto y compromiso fuiste puliéndonos a todos a fin de que encontráramos ese potencial por nosotros mismo, con el cual todos hoy en día lo estamos brindando a la sociedad como profesionales. Me enseñaste del liderazgo que el líder es capaz no solo de identificar el potencial de los demás, sino debe poder transmitir esa imagen para que cada individuo la desarrolle por sí mismo. El liderazgo que comienza desde la autonomía.

Medina, aunque no hubo gran interacción de tipo personal, no fue necesario para tu influencia en mí y crear un impacto en mi carrera universitaria. Además de tu testimonio de vida, tu vocación por la enseñanza fue palpable en el deseo de transmitirnos enseñanzas para la vida más que de finanzas y tu constante motivación para que nunca dejáramos de crecer. Siempre nos recordabas incansablemente en creer en nosotros, poner como prioridad ser cada vez mejores personas por sobre cualquier objetivo profesional y a estar pendientes a la necesidad ajena para asistir al prójimo. No fue necesario interactuar para aprender que el líder es líder desde su identidad, desde lo que es, sin necesidad de querer ser alguien más. Y que nos preocupemos más por servir a los demás que por nosotros, porque Dios no nos abandona.

Fernando, un gran líder para el equipo de ingeniería en *software* en el cual trabajamos juntos. Siempre tuviste la mejor disposición en enseñar, ayudar, apoyar, comprender y servir de corazón. Nunca exigías nada que no hubieses ya hecho primero. Aprendí de ti que el líder conecta con los demás desde su autenticidad, no impone su voluntad con el fin de buscar su propio beneficio. Gracias por ser nuestro mentor y siempre quieres ser nuestro amigo.

Hernaiz, Lopez, Agostini, Betancourt, Díaz y todos los muchachos que me han respetado y hemos trabajado juntos cada uno desde su propio liderazgo. Gracias a mis hermanos de armas.

Javy, Antonio y Edwin, mis otros hermanos. Es tanto, que solo me resta decir gracias por todo.

Diana, Melissa y Becky, por ser líderes que han sacrificado mucho de sus vidas para darse a la edificación de la vida de los más jóvenes. Por ser los pilares de la formación en la fe de ellos, y punto de apoyo en esas etapas caóticas de la juventud donde cada suceso parece un gran problema. En fin, verdaderas maestras del liderazgo desinteresado, de amor y sobre todo verdadero compromiso. Mi admiración para ustedes.

Padre Danilo. Conocido por muchos, donde tu buen nombre corre como buena noticia. Si bien muchos te conocen, así también te tomas el tiempo de conocerlos a todos. Tu liderazgo siempre enseña vivir una vida con templanza, sabiduría, dominio propio, compromiso, integridad y sobre todo el compartir la alegría de vivir. Gracias por ser maestro de miles de personas con verdadera vocación y humildad.

ACERCA DEL AUTOR

Melquisedec González Dávila es un autor emergente en temas sobre liderazgo humanista, comprensión de paradigmas limitantes, desarrollo personal holístico y temas religiosos.

Apasionado por el liderazgo, el crecimiento espiritual y el pan-africanismo, González tiene un conocimiento increíble y se esfuerza por ayudar a las personas a alcanzar su máximo potencial.

Como consultor y autor, ha completado múltiples cursos de capacitación en liderazgo y posee conocimientos profundos en las áreas de identificación y desarrollo de talentos. Así mismo trabaja con las personas en la identificación de paradigmas limitantes, de manera que pueda encaminarlos a establecer una conciencia espiritual que les permita tomar el control de sus vidas.

Como investigador y escritor pan-africanista, se esfuerza por la comprensión de los fenómenos socio-culturales, desde una perspectiva histórica para hacer un aporte en la continuación de la visión pan-africanista. Su objetivo es contribuir en la valoración de la dignidad del ser humano alrededor del mundo.

Cuenta con estudios en Ingeniería de Computadoras, Administración de Empresas, Liderazgo e Inteligencia. Este es su segundo libro auto publicado.

f

Made in the USA
Columbia, SC
13 July 2024

38559924R00088